# 不打不骂，穷养男孩的100个细节

## （第二册）

宿文渊　编著

中国华侨出版社

# 前　言

　　把一个浑身上下满是棱角的男孩养育成才非常不容易。由于性别差异，男孩与女孩之间有着太多不同：男孩精力旺盛调皮捣蛋，所以身上总是麻烦不断；男孩自控能力较差，常常禁不住外界的诱惑；男孩具有强烈的金钱欲，很容易会被金钱所诱；男孩的自尊心极强，他们很容易做出莽撞的事情来……面对男孩成长过程中出现的种种状况，家长往往也是一个头两个大：我们究竟该怎么办？

　　男孩穷养就是最好的方法。俗话说"穷人的孩子早当家"，顶天立地的好男孩一定是穷养出来的！有句话说，天将降大任于斯人也，必先苦其心志，劳其筋骨，饿其体肤，如此才能修身齐家治国平天下。所以，无论家境多好，对男孩绝对不能宠，必须穷着养，让他吃得苦中苦，从吃苦中使他的意志得到磨炼，培养其艰苦朴素、吃苦耐劳的作风，仁义孝道的思想，让他从小就明白生活的艰辛。如此，将来方可担负起社会和家庭的重任。相反，一个男孩如果兜里从来都有大把的金钱可支配，他的大脑自然会更多思考"如何花钱"的问题，而不是"如何赚钱""好好学习"或"如何才能提高自己的能力"……慢慢地，金钱浸润下成长的男孩，也就走上了人生的弯路。无数例子告诉我们，过多的物质和金钱不仅难以培养男孩独立面对未来的能力和魄力，反而会将他本应具备的能力和积极进取之心彻底地埋葬。正是从这个意义上说，穷养男孩才有了更为深刻的内涵。

　　做男孩的父母就得"狠"一点，就要狠心穷着养。家长将男孩奉为家里的"小皇帝"，对其溺爱无度，就会养育出个"扶不上墙"的"啃老族"。家长对男孩狠一点，懂得"穷养"男孩的真谛，在其成长过程中赋予他一定的能力，培养他良好的品格，男孩就能顺利成长为一位的男子汉！今天对男孩"狠心"，明天才能对男孩"放心"。而穷养男孩的实质是培养男孩自立自强，成为勇敢出色的男子汉。穷养中的磨砺会成为蕴藏在男孩内心深处的取之不尽的资本，让他受益终生。正如心理学家威廉·詹姆士所说："播下一个行动，收获一种习惯；播下一种习惯，收获一种性格；播下一种性格，收获一种命运。"穷养的男孩，将来步入社会后更容易适应环境、承受逆境，具备独立支配自我的能力。父母望子成龙不能等，从小就要穷养男孩，为儿子将来有出息打下基础。当然，穷养男孩并不单纯指让男孩在物质上、金钱上克勤克俭，更是指磨炼着养男孩、锻炼着养男孩。

　　本书结合男孩的特点个性以及成长规律，从不同角度出发，为男孩的父母提供了一套成功教子方案，使男孩的父母们掌握教育的正确方向和科学方法，真正教到点子上，是每一位望子成龙的父母的必读书。本书深刻分析了男孩与女孩的不同之处、男孩天性中的优缺点，以及父亲和母亲在养育男孩过程中所应起到的不同作用，统揽男孩成长过程中的教育问题及解决办法，全面介绍男孩的身体、心理、情绪、性格、天赋、学习、潜能等各个方面的培养，如怎样穷养出有上进心的男孩，如何锻造男子汉特性，如何激发男孩的潜能，如何引导男孩爱上学习等，指导父母教出有素质、有能力、有眼光、有魄力的卓越男孩。书中综合介绍了国际著名教育家老卡尔·威特、蒙台梭利、多湖辉等的教育理念，最有助于发展男孩天性的教育方法，以及透视男孩成长所应掌握的心理学，如攻击性心理、杜根定律、投射心理等，有效解决了最令男孩父母头疼的难题，如如何说男孩才会听、如何避免男孩成为"娘娘腔"、男孩如何安全度过青春期、怎样令男孩学会应对挫折等。静心阅读，用心思索，掌握了这些穷养男孩的细节，你就会发现，想要养育出一个出类拔萃的男孩并不是多么困难的事情！

# 目 录

# 第七章　培养刚毅男孩——重塑男孩的阳刚之气

## 第八章　该放手时就放手

——聪明的父母懂得给男孩自立的机会

# 细节 25  言传力量永远小于身教

　　妈妈带着孩子去逛街，等车的时候，一位老人过来乞讨，老人衣衫褴褛，蓬头垢面，妈妈赶紧拉着孩子走开了，边走边说："这老乞丐，真讨厌！"

　　到了百货商场，妈妈看中了一双运动鞋，对一个售货员说："喂，把那双鞋拿给我看看。"

　　孩子渴了，妈妈给他买了一瓶水，孩子很快就喝完了，刚好商场的保洁员在一旁清理垃圾箱，"喂，扫垃圾的，这个瓶子给你。"

　　吃饭的时候，刚好碰到妈妈的顶头上司也来同一家餐厅，妈妈热情地跟他打招呼："哟，王经理，您也来这吃饭呀，要不过来一起吃吧。"

　　……

　　妈妈的所作所为，孩子看在眼里，记在心里。这天，妈妈乡下的姑妈来城里办事，顺便过来看看他们，给他们带来了一编织袋的土特产，孩子看着姑奶奶土气的打扮，不屑地说："乡下的东西，谁稀罕！"

　　听了孩子的话，全家愕然。爸爸一怒之下，拉过孩子，狠狠地在他的屁股上打了一巴掌："你这孩子，怎么没大没小的呢！"

　　挨了爸爸一巴掌，孩子号啕大哭，他不知道自己哪儿错了。

爸爸不知道，在妈妈的耳濡目染下，孩子已经学会了将人分成三六九等。

妈妈是孩子的第一任老师，也是孩子最亲近的人，妈妈的所作所为容易被孩子认为是天然合理的；并且，由于孩子知识经验贫乏，辨别是非能力差，对妈妈的言行会不加选择地模仿。因此，妈妈要求孩子做到的，自己必须要以身作则。例如，要求孩子孝敬长辈，自己首先要敬老；要求孩子尊重别人，自己首先要尊重别人，对每一个人一视同仁。

### 建议一：以身做则，教男孩学会尊重

一天，一位40多岁的中年女人领着一个小男孩，走进美国著名企业"巨象集团"总部大厦楼下的花园，并在一张长椅上坐下来。她不停地在跟男孩说着什么，似乎很生气的样子，不远处有一位头发花白的老人正在修剪灌木。

忽然，中年女人从随身挎包里揪出一团白花花的卫生纸，一甩手将它抛到老人刚剪过的灌木上。老人诧异地转过头朝中年女人看了一眼。中年女人也满不在乎地看着他。老人什么话也没有说，走过去拿起那团纸扔进一旁装垃圾的筐子里。

过了一会儿，中年女人又揪出一团卫生纸扔了过来。

"妈妈，你要干什么？"男孩奇怪地问妇人，女人摆手示意让他不要出声。

老人再次走过去把那团纸拾起来扔到筐子里，然后

回原处继续工作。可是，老人刚拿起剪刀，第三团卫生纸又落在了他眼前的灌木上……就这样，老人一连捡了那中年女人扔的六七个纸团，但他始终没有因此露出不满和厌烦的神色。

"你看见了吧!"中年女人指了指修剪灌木的老人对男孩说，"我希望你明白，如果你现在不好好上学，将来就跟他一样没出息，只能做这些卑微低贱的工作!"

原来男孩学习成绩不好，妈妈在生气地教训他，面前剪枝的老人成了他的"活教材"。

这时，老人放下剪刀走过来，对中年女人说:"夫人，这里是集团的私家花园，按规定只有集团员工才能进来。"

"那当然，我是'巨象集团'所属一家公司的部门经理，就在这座大厦里工作!"中年女人高傲地说着，同时掏出一张证件朝老人晃了晃。

"我能借你的手机用一下吗?"老人沉思了一下说。

中年女人极不情愿地把手机递给老人，同时又不失时机地开导儿子:"你看这些穷人，这么大年纪了连手机也买不起。你今后一定要努力啊!"

老人打完电话后把手机还给了妇人。很快一名男子匆匆走过来，恭恭敬敬地站在老人面前。

老人对那个男子说:"我现在提议免去这位女士在'巨象集团'的职务!"

"是，我立刻按你的指示去办!"那个男子连声应道。

老人吩咐完后径直朝小男孩走去，他用手抚了抚男孩的头，意味深长地说:"我希望你明白，在这世界上最重要的是，要学会尊重每一个人……"说完，老人撇下其他人缓缓而去。

中年女人被眼前骤然发生的事情惊呆了，她认识那

个男子，他是巨象集团主管任免各级员工的一个高级职
员。"你……你怎么会对这个老园工那么尊敬呢？"她大
惑不解地问。

"你说什么？老园工？他是集团总裁詹姆斯先生！"

"啊，他是总裁？"

中年女人一下子瘫坐在长椅上。

无疑，上例中那位妈妈是失败的，很难想象，在她的耳濡目
染下长大的那个男孩子，会在生活中学会尊重他人。

作为孩子的启蒙老师，妈妈不仅仅要教会孩子基本的生存技
能，更要以身作则，教育孩子尊重父母、尊重身边的亲人。一个不
懂得尊重别人的孩子，他对自己的言行举止肯定也不会有最基本
的尊重，极端的甚至连自己最宝贵的生命也失去尊重。进入社会，
孩子就成了大社会的一分子。作为社会成员，尊重他人，才会赢
得别人的尊重。握一个手、道一声好，别人遭遇不幸时持一种同
情、怜悯之心，而不是漠然、讥笑；自己收获成功也不傲然自大，
而是谦逊、随和，这才是一个社会中的人，才是一个真正大写
的人。

### 建议二：父母应该约束自己的言行

家庭教育，绝不仅仅是父母只用语言来教导男孩如何去做，
父母的身教更重于言教。因为，男孩更多是通过模仿来学习，年
龄越小的男孩，父母的行为对他影响越大。

一位父亲迷上了在网上玩 QQ 农场的游戏，甚至有点
走火入魔。

不打不骂，穷养男孩的100个细节

Bu Da Bu Ma,Qiong Yang Nan Hai De 100 Ge Xi Jie

每天晚上回到家，他首先会打开电脑，登陆 QQ，再打开游戏页面。就是在吃饭的时候，他也总是把菜拨拉到饭碗里，然后端着饭碗坐到电脑旁，点几下鼠标，扒拉几口饭，眼睛始终不离开电脑屏幕，争分夺秒地种菜、偷菜。

父亲这种投入的"精神"影响了儿子，儿子也时常"摩拳擦掌"地想要去玩上一把。但碍于爸爸的威严，儿子很少跟他抢电脑。

有天晚上，一家人在吃饭，父亲照常端着饭碗坐到了电脑旁。

8 岁的儿子先于父亲吃完了饭，就对他说："爸，你先吃饭，我帮你去偷菜。"

父亲不置可否，低头吃饭，儿子就蹦跳着来到了电脑前。

父亲吃完饭，放下饭碗，用手抹了一下嘴巴，大声说着："儿子，别玩了，你去看书。"

"让我玩一会儿嘛。"儿子扭动了一下身子，抬起头侧脸望着父亲。

"不行，你得去读书！"父亲不容儿子商量。

儿子不敢坚持，沮丧地离开了电脑桌，来到沙发边打开电视，一边看电视还一边转向父亲的背影，低声嘟囔着："你怎么不看书？"

上例中这位父亲的行为对儿子已经产生了影响。男孩的模仿能力很强，通常，他更易于模仿父母的行为表现，而不是记住父母的语言教导。

可见，无意中，父母会成为男孩直接的学习对象，不论是父母良好的行为，还是不良的行为，男孩都会模仿。

很多父母会认为，所谓的沟通和教育，就是耳提面命地用语言告诫孩子，应该这么做，不应该那么做。至于父母自己，那就是想做什么就做什么，想怎么做就怎么做了。殊不知，这种只注重言传、忽视身教的沟通方式，很多时候是低效甚至无效的。

孔子曾经说：其身正，不令而行；其身不正，虽令不从。所以，聪明的父母们，你希望男孩成为什么样的人，你首先就要是什么样的人。

# 第五章 任性的"小皇帝"不可纵容

## ——自控能力决定男孩的成就

## 细节 26　告诉男孩 "要征服世界，先征服自己"

18 世纪美国著名的政治家、科学家富兰克林，曾在宾夕法尼亚的一家杂货铺里亲眼目睹了这样一件事情：

许多女士在这家杂货铺受理顾客投诉的柜台前，排着长长的队伍，争着要向柜台后的那位年轻的服务员诉说她们的种种遭遇。在这些投诉的妇女之中，有的表现得十分愤怒且蛮不讲理，还有的甚至讲出极为难听的话。但是面对这些声音，柜台后的年轻的服务员脸上却一直带着不变的微笑，并且很有礼貌地一一接待了这些愤怒而不满的妇女，她的态度优雅而镇静，丝毫没有表现出任何憎恶。

站在她背后的是另一位年轻的女服务员，她不停地在一些纸条上写下一些字，然后把纸条交给站在前面的那位女孩。在这些字条上很简要地记下妇女们抱怨的内容，但都省略了那些尖酸而愤怒的话语。

原来，站在柜台后面、面带微笑聆听顾客抱怨的这位年轻女孩是个聋子，她的助手通过纸条把所有客户不满的地方用文字的形式转告给她。

富兰克林对这种安排非常感兴趣。于是他站在那儿观看那群排成长队的妇女很长时间，他发现，柜台后面那位年轻的女孩脸上亲切的微笑对这些愤怒的妇女产生了极为良好的影响。她们来到面带微笑的女孩面前时，个个像咆哮怒吼的野狼，但当她们离开时，却都变成了一个个温柔的绵羊。甚至在她们之中的某些人离开时，脸上还露出了非常羞怯的神情，

这恰恰因为这位年轻女孩的"自制"已经使得她们对自己的作为感到非常的惭愧。富兰克林自从亲眼看到这一幕之后，每当面对自己所不喜欢听到的评论而感到不耐烦时，就会立刻想起柜台后面那位女服务员的自制而镇静的神态。

富兰克林常常都会这么想：每个人都应该有一副"心理耳罩"，很多时候可以用来遮住自己的双耳。他个人都应养成一种习惯，对于不愿意听到的那些无聊谈话，就会把两个耳朵"闭上"，以免在听到之后徒增憎恨与愤怒。生命是短暂的，有太多建设性的工作在等待着我们去做，因此，我们大可不必对那些说出我们不喜欢听到的话语的每个人进行反击。

没有自制力，就永远不可能成功。从历史上看，取得成功的人都能够接受精神和肉体的历练，所谓的磨难在他们眼中都是浮云。他们的自制力使其能够承受困苦并全身心投入其中。他们时刻让大脑保持活跃，并且考虑思索问题的症结，认真对待所有面对的事情米提高自身的自制力，而自制力决定了人们在关键时刻的正确决策。所以说，自制力对我们走向成功具有举足轻重的地位，美好的人生建立在自我控制的基础上。

自己做了决定，却迟迟不去执行，或者执行了一段时间就放弃了。之所以屡屡出现这种情况，根源是没有使命感。强大的使命感是促使我们自制力增强的发动机。

譬如，很多人都下定决心减肥，却经常半途而废，一个很重

要的原因是，他们不知道为何而减肥，减肥的动力是什么。为了健康的体魄，为了自己生活得更美好，还是就为了看上去更美？

如果减肥的动力只是"让自己看起来更美丽"，那么这种减肥方式很容易失败，因为他人的评价总是看起来不那么积极，减肥者容易受到周围人的打击而自暴自弃导致中途放弃。

事实上，任何人都不可能做一个决定，然后就能 100％地实施。自制力在其中有很大的影响作用。而我们的自制力需要听从内心的声音，了解自己真正想要什么，什么才是你的动力源泉。当你真正想做一件事情时，动力会从内心自动产生，你自然会获得自制力。不要选择外界的东西去迫使你改变习惯，因为它们很容易被你放弃。

## 建议一：告诉男孩成大事者善自制

当刘备投奔曹操之后，便在自己的住所后面开辟了一块菜地，每天以种菜度日，完全放下了身段，甚至可以说是夹着尾巴在做人，让外人觉得自己只不过是凡夫俗子，也好阻止曹操算计自己的目的。但是关羽、张飞二人完全不知刘备的心思，每每劝说刘备应该放弃手中琐事，要以天下大事为己任的时候，刘备都会不以为然，继续每日种菜。

有一天，恰逢关羽和张飞都不在的时候，曹操派人请刘备过去，刘备实在没有理由推辞，只好随同来人入府拜见曹操。见面后曹操绵里藏针地问道："种菜这门学问可真是不容易呀。"刘备回复道："只不过是没事消遣消遣罢了。"刘备应邀来到小亭，只见曹操早已把一切诸物齐备，盘置青梅，一樽煮酒，于是二人对坐，开怀畅饮。

两人喝酒喝到半醉之时，只见天空突然乌云密布，眼看骤雨降至，这时随从发现天边挂着长龙，指曹操、刘备二人，于是曹操便借题发挥问刘备道："您可知龙能变化？"刘备应："不是十分清楚。"曹操接着说道："龙能大能小，大则兴云吐雾，小则隐身藏形；能升能隐，升则飞腾于宇宙之间，隐则潜伏于波涛之内。现正是深春时节，龙能够顺应时节而变化，就如同人得志纵横四海一样。龙作为动物，可用世上的英雄来做比方。您长期游历四方，必定知道当世英雄。就请您试着说说吧。"刘备说："我乃肉眼凡胎，哪里能认得什么英雄呢？"曹操说："您不必太谦虚。"刘备仍然装糊涂："我得到您的庇护，才有幸做了朝廷官员。天下英雄，真的不知道啊。"曹操说："那么，如果您不知道他们的长相，至少也应该听过他们的名字吧。"

刘备意识到再装糊涂是不行的，于是举出淮南袁术，河北袁绍、刘表，江东孙策，益州刘璋、张绣、张鲁、韩遂等人，但这些都一一被曹操否定。刘备实在想不起任何人了，便说自己实在不知还有哪些。

曹操解释道："所谓英雄指的是那些胸怀大志、腹有良谋，有包藏宇宙之机、吞吐天地之志的人啊！"

刘备说："那么，究竟谁能称得上是这样的英雄呢？"

曹操用手指了指刘备，又指指自己，说："天下英雄，如今只有您与我！"曹操这句看似不经意的话，其实不仅是一种试探，更包藏着杀机，且不说刘备正在曹操的府上，即使在外边，如果曹操的推测被得到证实，刘备也是难逃一死的。

刘备听后大吃一惊，自己"放下身段"的招法是不是没能够瞒过奸雄曹操，他是不是识破了自己的真面目了？这个时候无论是默认或辩解，都将无济于事，慌乱之中，刘备手中的汤匙和筷子掉到了地上。

恰在此时，大雨将至，雷声隆隆，刘备随即从容冷静、不动声色地俯下身子，捡起了汤匙和筷子，不紧不慢地说："没想到雷声一震竟有如此大的威力，我的匙筷都掉了。"曹操笑着说："堂堂男子汉大丈夫难道也害怕雷不成？"刘备说："圣人见到迅雷风烈还变色呢，更何况是我呢？"这一句话就把自己因听到曹操的话而吃惊落匙的原因合乎情理地掩饰了过去。曹操果然相信了刘备的话，认为他连听到雷声都会害怕，可见不是真正的英雄了，便不再怀疑刘备。

刘备克制自己的言行，放下身段，免除了曹操的猜忌，保住了身家性命。不久，刘备便逃走了，最后建立了一番大功业。

成大事者善自制。历史往往是最具有说服力的。能克制自己言行、放下身段的人才是聪明人，这样的人能够通过忍耐和等待来获得机会，这自然也是他们能够成就一番事业的重要素质之一。同样，男孩们要记得，无论是做大事还是做小事，如果当下的情况对自己不利，不要急于表露自己，应该学会克制，积蓄成功的力量，并努力寻找一切有利于自己成功的机会。

自制力的养成是一个习惯培养问题，当指定了合适的目标，慢慢地强制自己去做，才能逐渐培养自制力。下面我们就来提供几个培养自制力的方法，希望能够对你有所帮助：

第一，制定具体的计划，越具体越好。比如，"下星期我要把这本书看完"就不如"明天我要把这本书的第一章看完"实际。越具体的目标也越容易督促和调整。如果只是泛泛地说要看完一本书，到时候乱七八糟的事情一来，就很容易把正事往后拖。尤其是对于拖延症患者，计划一定要具体得不能再具体。

第二，适当记录和分析自己完成计划的进度，自我激励。这种心理暗示到最后会形成反馈帮助我们培养自制力。

第三，用工具强迫自己达到目标。比如定闹钟来督促自己早起，每天称体重来督促自己减肥。当然工具只是一个过渡，用来加速自制力的培养而不是形成依赖，没有必要对工具心存恐惧。

第四，制定奖惩措施。轻微的惩罚比如"我今天如果不好好听数学课的话，中午就不吃饭了"，通过这样的方式来督促自己下定决心把事情做好。

## 建议二：让男孩带着自制上路

居鲁士成为公元前 559 年米底亚和波斯国的国王，这位国王因为打败了利比亚的统治者克里苏斯，征服了爱奥尼亚群岛及其他较小的王国，歼灭了巴比伦，所以被大家称为是欧洲之王——居鲁士大帝。

在打过这许多胜战之后，国王又准备向由女王汤米莉丝领导的马萨格它族发起进攻。骄傲自负的他认为自己是打不败的超人，所以根本就不把马萨格它族放在眼里，如果能够打败马萨格它族的话，他的帝国就会更加辽阔。

不久，居鲁士就开始发起对马格萨它族的进攻。国王带领战士一渡过阿瑞各斯河，就在河边安营扎寨，还放上肉和烈酒，并且留下最弱的兵士守营，将其他军队撤回西岸，马萨格它的军队很快就攻占了营地。被胜利冲昏头脑的他们被现场留下来的这个不可思议的宴席所吸引，马萨格它士兵完全忘记了危险，开始大吃大喝起来，没多久就一个个酩酊大醉。当晚波斯军队返回营地，俘虏了沉睡的士兵，这其中包括女王汤米莉丝的儿子——年轻的史帕戈皮西斯。

女王汤米莉丝得知消息以后，送信给居鲁士，斥责他用诡计打败自己的军队。她说："如果你们现在马上释放我的儿子，并且离开我的国家，我将把三分之一的土地让给你们。否则，我一定会让你得到应有的回报的。"然而，居鲁士对她的话置之不理。

不久，女王的儿子因为无法忍受屈辱，自杀了。儿子的死讯令女王汤米莉丝悲痛欲绝。报仇的怒火激励着他们奋起反抗，她立即召集到王国内可以征调的所有军队，和居鲁士部队展开猛烈又血腥的战斗，终于杀死了居鲁士。

渴望成功、胜利的心人人都有，但是在面对接连不断的胜利时，男孩们往往难以做到心有所止。而明智的人则懂得在这个时候，继续保持自制，用自己理性的头脑去控制自己在取得胜利时的自满情绪。因此，男孩们请记住，当你们获得成功时，要更加小心谨慎，绝不可以狂妄自大，断送了自己的后路。

自满的反义词是谦虚，这是一种积极的人生态度和处世方法。而为了避免我们自满和狂妄自大，就是朝前看、朝上看，高瞻远瞩并且广泛对比，从中关注分析他人的长处、强者的水平、未来的需要，我们总能找到自己的不足，在小成就面前戒骄戒躁，保持一颗永不满足的进取心。

我们不能以自己的长处比较别人的短处，这样的人气量狭窄，妒贤嫉能。大凡虚心之人，喜欢以短比长、见贤思齐、求贤若渴。要知道，我们拿自己的长处去比较别人的短处，只会越比越短；

而假如以短比长，那么就会越比越长。

　　当我们自满心爆棚，就去看看那些成绩斐然、为人类社会进步做出卓越伟绩的科学家们，看看那些功力深厚、享誉全球的艺术大师们。在这些人当中，绝少有因自己具有足够资本而狂妄自大、沾沾自喜的，他们反倒是自知而又谦虚。所以，我们应避免骄躁和狂妄。

# 细节 27　教男孩用冷静代替冲动

古代有个叫尤翁的人，他开了个典当铺。有一年年底，他忽然听到门外有一片喧闹声。

他出门一看，原来门外有位穷邻居。站柜台的伙计对尤翁说："他将衣服压了钱，空手来取，不给他，他就破口大骂，有这样不讲理的人吗？"

门外那个穷邻居仍然是气势汹汹，不仅不肯离开，反而坐在当铺门口。尤翁见此情景，从容地对那个穷邻居说："我明白你的意图，不过是为了过这个年关。这种小事，值得一争吗？"于是，他命店员找出邻居的典当之物，共有衣服蚊帐四五件。

尤翁指着棉袄说："这件衣服抗寒不能少。"又指着长袍说："这件给你拜年用。其他的东西不急用，就留在这里吧。"那位穷邻居拿到两件衣服，不好意思闹下去，于是只好离开了。当天夜里，这个穷汉竟然死在别人的家里。

原来，此人同别人打了一年多的官司，因为负债过多，不想活了，于是就先服了毒药。他知道尤翁家富有，想敲诈一笔，结果尤翁没上当，他于是就转移到了另外一家。

事后有人问尤翁，为什么能够事先知情而容忍他。尤翁回答说："凡无理挑衅的人，一定有所倚仗。如果在小事上不忍耐，那么灾祸立刻就会到来。"

人们听了这话都很佩服尤翁。

对于青少年来说，控制自己的冲动是件非常不容易的事，因为我们每个人的心中都存在着理智与感情的斗争。冲动会使人丧失理智，所以情绪冲动时，不要有所行动，否则你会将事情搞得一团糟。当谨慎之人察觉到情绪冲动时，会立刻控制并使其消退，用冷静代替冲动，避免因热血沸腾而鲁莽行事。

处在纷繁复杂的社会中，你的一举一动都可能受到他人的关注。他人凭主观判断，免不了评头论足、说三道四。古人说"众口铄金，积毁销骨"，为了让自己的生活安宁自在，就需要谨慎行事，凡事三思而后行，这样才能在这个社会站稳脚跟，干好事业。忍耐是一种没有个性的个性，只有沉浸其中，才能体味到它的价值。沉默是无声的语言，有一种埋藏在深处的震撼力。真正有力量的人，多是以沉默的方式表现出来的。

平静的心灵是智慧美丽的珍宝，源自于长期耐心的自我控制。平静之人明白，生命本身就是宁静的，即使处于急流波涛之中，也不受风景的侵扰，仍能保持永恒的安宁。一个人的命运是由他的性格所决定的，因此，有一颗隐忍的心，学会控制自己的情绪势必对我们能力的发挥，对我们的事业、爱情及人际关系都会起到积极的正面影响，而良好的性格本身也可以说是人生一笔巨大的财富。

## 建议一：自制离不开冷静与沉着

这是个在印度一直被广为流传的故事，一次，一对英国殖民地官员夫妇在家中举办丰盛的宴会。宴会地点设在他们宽敞的餐厅里，那儿的房顶有不加任何修饰的橡子，地上铺着明亮的大理石地板，门口处是一扇通向走廊的玻璃门。客人中有当地的陆军军官、政府官员以及他们的夫人，另外还有一位来自美国的自然学家。

一位年轻女士同一位上校在午餐时，进行了一场激烈的辩论。这位女士的观点是如今的妇女已经有所进步，她们不再像以前那样，一见到老鼠就失控似的从椅子上跳起来。可上校却认为妇女们并没有什么改变，他说："碰到任何危险，妇女们总是惊慌失措地一阵尖叫。而男士们碰到相同情形时，虽也有类似的感觉，但他们却多了一点勇气，他们能够适时地控制自己，冷静对待。由此可见，男士的这点勇气是很重要的。"

那位来自美国的自然学家并没有加入这次辩论，他默默地坐在一旁，仔细观察着在座的每一位。这时，他发现女主人露出奇怪的表情，两眼直视前方，露出十分紧张的神情。很快，她招手叫来身后的一位男仆，对他耳语一番。仆人的双眼很快露出惊恐之色，随即仆人离开了房间。

没有客人发现这一细节，除了这位美国的自然学家，当然除了他也就没有其他人看到那位仆人把一碗牛奶放在门外的走廊上。

美国的自然学家突然一惊。他想起在印度，地上放一碗牛奶只代表一个意思，那就是引诱一条蛇。也就是说，这间房子里肯定有一条毒蛇。自然学家首先抬头看屋顶，那里是毒蛇经常出没的地方，可现在那儿光秃秃的，什么也没有；接下来他又朝着餐厅的四个角看过去，前三个角落都空空如也，第四个角落则站满了仆人，正忙着上菜；现在只剩下最后一个地方有可能，那就是客人的餐桌下面。

这位自然学家的第一反应便是要向后跳出去，同时警告其他人。但转念一想，这样的举动肯定会惊动桌下的毒蛇，而受惊的毒蛇是很容易咬人的。于是他一动也不动，迅速地用十分严肃的口吻向大家说了一段话，以至于大家都安静了下来。"我想试一试在座诸位的控制力究竟有多大，接下来我将从 1 数到 300，这会花去 5 分钟，这段时间里，谁都不能动一下，否则就罚 50 个卢比。预备，开始！"

自然学家不急不缓地数着，餐桌上的 20 个人，全都像雕像一样一动也不动。当他数到 288 时，他终于看见一条眼镜蛇向门外的牛奶爬去。这个时候他飞快地跑过去，把通向走廊的门一下子关上。蛇被关在了外面，室内随即发出一片尖叫。"上校，事实证实了你刚才的观点。"男主人这时感叹道，"正是一个男人，刚才给我们做出了从容镇定的榜样。""且慢！"美国学者说，然后转身朝向女主人："温兹女士，你是如何发现屋里有条蛇的呢？"女主人脸上露出一抹浅浅的微笑："因为它刚刚是从我的脚背上爬过去的。"

自制离不开沉着与冷静，这个故事中的女主人的自制力真的令人钦佩，也值得每一个男孩学习。我们平时无论工作还是生活，都要尽力保持理性，用理智代替情感，做到客观地分析情况，这样才有助于找到问题的答案与真相，否则在冲动的情绪下，只会丧失敏锐的判断力，最终做出令自己抱憾的决定。

自制需要强大的意志力。苏联教育家马卡连柯说过："坚强的意志——这不但是想什么就获得什么的本事，也是迫使自己在必要的时候放弃什么的本事……没有制动器就不可能有汽车，而没有克制也就不可能有任何意志。"因此，反过来也可以说，没有坚强的意志就没有自制能力，坚强的意志是自制能力的支柱。意志薄弱的人，就好像失灵的闸门，对自己的言行不可能起调节和控制作用。

我们要强化日常的实践锻炼，用以增强自制力。一方面要学习吸收积累知识，令我们视野广阔，并且通过知识来武装自己的大脑，提高自己分析问题和解决问题的水平，不仅限于书本上的知识，我们学习别人已有的经验教训，也是为了提升自己决断事情的能力；另一方面，要积极投身到日常生活实践中去，在生活中不断积累经验，提高自己的遇事应变能力。综合以上两个方面，我们才能沉着与冷静地处理事情，具有良好的自制能力。要知道，自制力离不开自身的沉着与冷静。

坚韧不拔的意志力是我们必备的素质，培养自己性格中意志独立性的良好品质，并且对自己所要达成的目标有高度的自觉性。只要下定决心做某事，就应义无反顾地实践下去，想方设法达到预期目标。不必苛求自己的一点失败，不必过多在意他人的流言蜚语。

## 建议二：教男孩抵制诱惑

每个人都会面对诱惑。成功的人之所以成功，就是因为他们能够约束和克制自己的冲动。家长培养男孩抵制诱惑的能力就格外的重要。

一个人的成功，最大的障碍往往不是在外界，而是在于自己的内心。一个能够获得成功的人通常都具备顽强的精神和胜于常人的自控心理。增强男孩的自控能力，可以帮助他们抵御外界的种种诱惑，保持心灵上的坚定和纯洁，更加有利于他们朝着心中的目标努力。

1960 年，美国的心理学家米卡尔曾做过一个"果汁软糖"的试验：他将一群 4 岁的孩子留在房间里，每人都发了一块糖果，然后告诉他们："我有事要出去一会儿，你们可以马上吃掉软糖，但如果谁能够坚持到我回来之后再吃糖果，我会再奖励他两块。"说完之后，米卡尔就走了出去。实际上，他在暗中观察这些孩子的表现。

有的孩子会很急躁，看到米卡尔走了之后就迫不及待地吃掉糖果。而有的孩子就等到了最后。尽管对这些孩子来说等待的时间非常漫长，但是他们会想尽各种办法让自己撑下去。有的孩子闭上眼睛，避免看到那块诱人的糖果；有的孩子努力想让自己睡过去。

20 分钟之后，米卡尔回来了，他奖励了这些能够坚持到最后的孩子。这次实验并没有结束，米卡尔又对这些孩子进行了长达 14 年的追踪调查。

最后，米卡尔把自己的调研结果公之于众，发现：自制力不同的孩子在情绪和社交方面的差异表现非常明显。在那次实验中抵制了诱惑的孩子将来长大之后对社会的适应能力较强，较为自信，人际关系也更好，能够更加从容地面对挫折。而那些不太能抵制诱惑、较为冲动的孩子则缺乏这些好的特质，并且表现出了一些负面特征，他们不太愿意与人接触，性格优柔寡断，容易因为挫折而丧失斗志，容易对人产生不满甚至是与人争斗。

面对如今眼前这样一个信息多变、文化多元、物质极大丰富的现代社会，男孩们早已经是眼花缭乱了。他们对周围的一切充满了好奇，任何的诱惑都可能使他们沉迷其中。再就是由于男孩面临着沉重的学业负担，厌学情绪强烈，使得电脑、电视等成为了男孩的避难所。如何让男孩拒绝诱惑、抵制诱惑，是每个家长都关心的问题。

要想让男孩学会抵制诱惑，首先家长要学会反思。当男孩出现了问题，家长可以先反思自己。很多父母将大部分的时间都用于工作、家务和娱乐，很少花时间和儿子耐心地沟通。当男孩的精神需求得不到满足，他自然就会寻求替代品，于是电视、电脑成了男孩的精神麻醉剂。有的家长自己不和儿子交流，也不鼓励男孩多交朋友。男孩的充沛精力得不到发泄，就会被各种诱惑吸引，一不留神就会掉进诱惑的陷阱。所以，家长也要反思一下自己在平时是否考虑到了男孩的感受，给予他们足够的精神满足。

高尔基说："哪怕是对自己的一点小小的克制，也会使人变得强而有力。"德国诗人歌德说："谁若游戏人生，他就一事无成，不能主宰自己，永远是一个奴隶。"一个人要想成为能够主宰自己命运的强者，成就一番事业，就必须对自己有所约束、有所克制。因此，对男孩的自控教育是家庭教育必不可少的内容之一。

但是人的自制能力和自我管理能力并不是天生的，它和人的其他能力一样，都是后天开发出来的，每个人的自我管理能力都是可以不断提高的。尤其是孩子，他们的自控能力在日常生活中会逐渐提高。作为父母要有意识地提高男孩的自控力，专家给出了以下几点建议：

第一，告诉男孩要对自己多分析，找出自己在哪些活动中、何种环境中自制力差，然后拟出培养自制力的目标步骤，有针对性地培养自己的自制力；对自己的欲望进行剖析，扬善去恶，抑制自己的某些不正当的欲望。

第二，从日常生活小事做起。人的自制力是在学习、生活、工作中的千百万小事中培养锻炼起来的。许多事情虽然微不足道，但却影响到一个人自制力的形成。如早上按时起床、严格遵守各种制度、按时完成学习计划等，都可积小成大，锻炼自己的自制力。

第三，进行暗示和激励。自制力在很大程度上就表现在自我暗示和激励等意念控制上。意念控制的方法有：在孩子开始紧张的活动之前，反复默念一些建立信心、给人以力量的话，或随身携带座右铭，时时提醒、激励自己；在面临困境或诱惑时，利用口头命令，如"要沉着、冷静"，以调整自身的心理活动，获得精神力量。

第四，要男孩经常进行自省。如当他们学习时忍不住想看电视时，马上警告自己管住自己；当遇到困难想退缩时，马上警告自己别懦弱。这样往往会唤起自尊，战胜怯懦，成功地控制自己。

# 细节28　让男孩对自己严格要求

茅盾5岁那年，父母就商量应该给儿子进行早期的启蒙教育。当时茅盾进的私塾学习气氛不好，父母担心他得不到严格训练，会养成不良习惯，便决定自己来教儿子。他们自己找了教材，还根据历史古书编成儿童易懂的歌曲教给孩子，或者是把晦涩的历史文献讲成一个个小故事，由母亲来讲给孩子听。这些早期的家庭教育，对茅盾形象思维的形成起到了重要的作用。

茅盾10岁那年父亲病逝，教导孩子的重任就落在了母亲一个人身上。母亲怕茅盾落下功课，便让茅盾拿课本来自己教他。茅盾在学习上遇到了问题，母亲总是严加管教，毫无情面可言。

茅盾小学毕业，征求母亲的意见，是上师范院校呢，还是读自己喜欢的工科。虽然母亲独自一人艰辛地抚养着两个孩子，但她还是让茅盾上了工科。

虽然离开了家，但是母亲也没有放松对儿子的管教和关心，茅盾也经常把自己发表的作品或是和弟弟通的信寄回去给母亲看。

后来，在茅盾弟弟的教育问题上，母亲也体现出了极大的严而有格，严而有度。茅盾的弟弟在工科学业即将结束的时候受新思想影响，响应革命的需求要东渡日本专心研究政治，但此时离他毕业只有短短的半年时间了。茅盾很反对弟弟的选择，但母亲看小儿子的去意已决，便同意了儿子的要求。

茅盾母亲在教育孩子的问题上，宽严相济，既不一味地强求孩子服从自己的管教，也不纵容孩子不好的习惯，这点值得很多父母好好学习。

教育男孩就要赏罚分明，孩子做得好要给予奖励，但孩子做错事时也一定不能姑息，哪怕只是小错也要进行适度的处罚，这样孩子才能正视自己的错误，及时改正。

6岁的小航总喜欢玩火，只要是与火有关的东西，例如火柴、打火机，甚至于家里的炉灶他都要去摆弄摆弄。小航的爸爸自己也喜欢各式各样的打火机，从气体、电子式到机械式打火机，甚至于还有古老的"火镰"……对于小航玩火的行为，父母从来没有给过任何处罚，他们觉得玩火也不是什么大错，看着儿子熟练地使用各种打火机，小航的爸爸甚至还得意地说："瞧，我的儿子就是像我！"

一天，小航在家里玩一个爸爸刚买来的打火机时，一不小心把自己的帽子烧了个洞，脸上还蹭上了不少黑灰！小航的妈妈看到儿子的狼狈样，非但没有狠狠地教训他，反而笑得喘不过气……过些日子，父母带小航去农村的姥姥家，一不留神，小航居然和几个表兄弟一起玩起火来。不知什么时候开始，姥姥家的草垛已经燃起了熊熊大火！小航的爸爸跑来，怒发冲冠，拉过小航来就是一顿痛打！

一般人认为，孩子犯了小错可以不问，犯了大错就必须加以批评，其实不然，小错更应该引起家长的重视。

日本教育家多湖辉上中学时曾有过这样的经历。有一次发下考试答卷，他发现自己的数学成绩比预想的差很多，心里大吃一惊。记得考试时，除一道题没答上之外，其他都答得很完整。看完试卷之后才明白，自己因计算错误丢掉了好多分。父亲看完卷子后说了这么一段话："看了你的答卷，发现你太马虎了。有的前半部分都对了，最后却写错了答案，还有的把加减弄反了，像这种本不该错的错误太多了。现在，请你马上把错改过来，否则将会一错再错，养成粗心大意的习惯，后果将不堪设想。"无意中犯的错，是最容易被人忽视的，它的负面影响也是很大的。

孩子的判断能力远不及大人成熟，他们时常会犯错误。但是，即使是孩子，也具有区分好坏的基本判断能力，如果犯了严重的错误，内心深处一定会有所察觉。虽然不知原因，他也会自问是否做错了。

相反，当孩子犯了小错误，就应"随时确认"，及时给予批评警告。有时，孩子未必能意识到自己的错误，如果不加以纠正，小错很可能演变成大错。因此，不断纠正小错误，才能做到防患于未然。

有一种父母，对孩子的小过总是姑息纵容。如果碰上心情好的话，甚至还要表扬两句。等到孩子把小错变大过时，他们就又变得异常愤怒，严厉地责罚孩子，殊不知这些教育孩子的观点、行为都是相当错误的！这些错误的观点和错误的行为，当然只能收到适得其反的教育效果。

对于那些家有"玩火孩子"的父母，我们的忠告是：面对孩子的小错误，父母要立即纠正，正所谓"堵蚁穴而保千里之堤"。如果孩子犯下小错误，当父母的不能立即纠正，一旦孩子犯下大错误便后悔莫及了。父母们应该知道：尽管小孩的判断能力比不上大人，但是他们区别好与坏的能力还是有的。如果孩子犯了错误，在他的意识里，他会感觉到自己做了错事。此时，父母应当抓住孩子"我犯错误了"的心理，立即进行有效的教育和行为上的纠正。这样一来，孩子就不会再犯这类的错误。

## 建议一：增强男孩的羞耻心

家长常常抱怨自己的男孩对于新买的玩具不懂得爱惜，到处乱抛，新鲜劲一过，又吵着买新玩具；不懂得尊敬长辈，没大没小，好东西抢着自己先享受等等。

我们是否想过男孩的这些行为习惯是怎么形成的？作为男孩第一任老师的父母有没有责任？成人在生活中有没有奢侈浪费的行为？父母对老人是否尊敬，是否尽了孝道？我们敢当着男孩的面说我们的言行是问心无愧的吗？如果一个男孩有很好的辨别是非的能力，知道什么是应该做的，什么是不应该做的，相信以上的行为他绝对不会出现。

有一个小男孩从小听妈妈给他讲占代的德育故事。他 4 岁的时候，有一次妈妈把他抱了出去，在路上看到有两个小朋友在吵架，这个 4 岁的小男孩很自然地拉拉妈妈的胳膊，对妈妈说："这个小朋友，不可以乱骂人、乱打人。"一个 4 岁的孩子，没有任何为人处世的经验，他怎么这样果断地做出自己的结论呢？说到根本处：妈妈平时教给他的是什么，他自然就会懂得。这样的男孩相信长大之后也不会在人生的路上走偏，因为他在幼年时代就已经树立了明确的是非观和荣辱观。

父母与子女朝夕相处，父母的一言一行、一举一动都会在男孩的心灵深处埋下种子，对男孩的未来产生重大而深远的影响。男孩的思想观念、政治信仰、行为习惯、兴趣爱好都会或多或少带上家庭的烙印。"男孩是父母的影子"这句话不无道理。历来出生书香门第的男孩自幼就养成勤奋好学的习惯；武术高手的子女自幼就能学一身高超的武艺，就是两个例证。相反，一个家长自己就有酗酒、赌博、小偷小摸、不讲社会公德等恶习，也很难培养出子女的良好习惯和高尚情操来。

还有的家长，自身缺少公德，经常出入灯红酒绿、纸醉金迷场所，吃喝嫖赌无所不能，偷鸡摸狗，无所不为。特别是在家庭中，如果一天到晚经常吃喝玩乐，打牌、搓麻将、赌博，甚至吸毒等，对男孩的纯洁心灵会造成极大的创伤。

通过榜样的树立，使男孩有赖以学习和模仿的对象。在确立榜样时应该注意以下几点：

### 1. 树立生动具体的形象

因为生动具体的形象在整个男孩性格培养工作上的作用是十分重要的。列宁是伟大的无产阶级革命家。一位学生参观过列宁的故居后谈到，只有当我在高尔克看到列宁的故居时，我才知道真正的朴素是个什么样子：在他房里只有一张普通的饭桌，桌上摆着一个盖着普通灰色漆布的、稍显陈旧的、已坏了的茶杯，挂衣架上挂着一件普通的制服。无疑，这对这位学生今后形成朴素的性格特征有重要的意义。

## 2. 让男孩以身边的、同龄的人为榜样

这样可以减少男孩与榜样之间的距离感，便于学习。比如现在有一些小学生缺乏勤俭节约的品质，他们根本不理会父母挣钱的艰辛，花起钱来大手大脚，请客，下馆子，追求穿名牌，骑好车……针对这种问题可以让他们了解全国十佳少先队员杜瑶瑶的事迹，学习她是如何勤俭节约的：

> 杜瑶瑶的父亲去世后，母亲也病倒了。她每个月只有 100 元左右的生活费维持母女两个人的生活，一分钱也要掂量着花。由于经常到菜市场去买菜，她对菜价很清楚，并了解到菜价在傍晚最便宜。所以，她傍晚去买菜，多走几家市场，哪家便宜就买哪家的，绝不多花一分钱。
>
> 母亲吃剩下的菜她从不扔掉，而是用热水烫一烫后自己吃。母亲食欲不好，剩下的馒头渣一块一块的，别人都劝她扔掉，瑶瑶却舍不得，哪怕一点点。她说："生活让我懂得了什么叫来之不易，今后日子不管多富，我也永远把省吃俭用的好习惯保持下去。"

男孩年龄小，是非判断标准还很模糊，他们主要是按自己喜爱和厌恶的情绪来判断人物和事物的是与非。家长在生活中要耐心地正面诱导、纠正，使男孩通过成人对其行为、言语的评价，逐步认识到自己行为的是非，从而提高分辨是非的能力。如男孩听见某些人说了脏话，于是就跟着学，这时父母需要解释清楚，这句话是骂人的话，不好听，不文明，不要学说等。这样屡经教导，男孩便不致因从众心理而仿学不良行为，进而形成良好的个性品质。

## 建议二：不要让男孩做"电视土豆"和"网瘾君子"

孩子整天围着电视电脑，是让家长最不能忍受的一件事情。"你就不能下楼打打球？""再看都成傻子啦！""眼睛近视了看你怎么办！"……无论是从健康的角度，还是从孩子的学习角度，相信很多家长都能说出一大串不要多看电视的理由，但孩子就是不听。这时候怎么办？

有一个妈妈的做法就很巧妙：

> 平时妈妈总是叮嘱儿子说9点半必须上床睡觉，不然就把电闸关了。可是儿子不听，有时候家长出门去买东西，他就在家看电视。听到妈妈上楼的声音，他就把电视机关了回房睡觉，妈妈一摸电视机就明白，还是热乎的。这简直就像地下工作者与敌人的斗智斗勇。找出证据又能怎样，还是不能让孩子从根本上对电视失去兴趣。
>
> 儿子看书的时候，妈妈说："孩子你今天多看会儿书吧，到10点睡，记得关上灯。"可是她关上屋门，孩子根本就没有看书，而是在里面看漫画或者睡觉呢。
>
> 看到打压行不通，妈妈就改变了策略。有一天晚上，孩子又在看电视。妈妈就对孩子说："儿子，今天你随意看电视吧，好看就多看会儿，记得一会儿帮我关了电视机。"结果她在自己屋里听，孩子还没看到一个小时就关了电视机，进屋自己玩儿了。然后，妈妈就走进孩子的卧室问："怎么不看电视啊？""唉，今天的节目没意思。"孩子说。
>
> "那你今天看书吧，不许看到很晚，9点半一定要关

灯睡觉，注意身体，别太辛苦了。"结果，这孩子学到 10 点才睡。

孩子都有一个逆反的心理，你越是说他，他越是不愿意去做；但是如果你跟他说不要太努力了，他又会努力起来。

在看电视问题上，如果你一直是一个以正面打压为主的家长，那么要换一换方法了，从反面去刺激，鼓励他自己看电视，自己控制时间，往往更加有效果。

另外，家长多带着孩子出去旅游、逛公园、游泳等等，让孩子的兴趣爱好广泛一些，他们在电视中沉迷的几率就会小一些。

当我们痴迷于一个电视剧的时候，突然停电了，感觉肯定不好受。妈妈有时候却在做停电杀手的角色，孩子看得正高兴，妈妈气冲冲地把电视关掉了。孩子心里的感受该多难过、多失望啊！妈妈千万不要用这样的方法来阻止孩子看电视，这样的行为不是文明者的行为，起码缺少了彼此的尊重。

有关专家通过调查发现：男孩不上学的时候最常做的事就是看电视或电脑。

美国的教育学家通过研究发现：男孩平均一天最少在电脑或电视前待上 2 小时，到了周末的时候看电视的时间会更长。大多数的美国男孩平时放学之后到晚上 10 点钟，家庭开机的时间平均是 3 小时 20 分钟，男孩每天看 2 小时电视，周末的时候更是高达 5 小时。

看电脑或电视的时间过长会给男孩的健康带来严重的伤害，比如容易造成过胖、变傻变笨、懒散被动、注意力降低等后果。在强烈的声光画面下，男孩的脑部只维持在原始区域运作，无法刺激他们思考区域的发展。

过度地看电视或电脑也会增加男孩的霸道行为。因为他们通过屏幕接收了太多的语言暴力和攻击性行为。因此，美国小儿科的医学会建议，别让 2 岁以下的男孩看电视，鼓励家长为男孩挑选优质的电视节目，而且最好一天不要超过 2 小时的时间。

下面的七招，可以有效制止男孩成天黏在电脑前：

### 1. 先跟男孩订好规矩，包括看电视电脑的时间和次数

美国斯坦福大学的教育学家宾森曾经建议家长"先说好规则，可以减少争执和赖皮的机会"，比如，家长可以在周末的时候就和男孩讨论下周要看哪些节目。至于其他的基本规则都要和男孩提前商定好，比如吃饭的时候不可以看电视、功课没有做完不可以看电视，这些都要事先和孩子说好，也培养他们信守承诺的习惯。

### 2. 家长可以陪男孩一起看，并和男孩一起讨论关于电视的内容

在男孩在看电脑或电视的过程中，家长可以介入并且阐发自己的观点，这样做可以扭转男孩一些不正确的见解，如果在这个过程中和男孩有充分的讨论，也会减弱电脑或电视的影响力。

值得注意的是：家长在陪同男孩看电视的过程中，千万不要忽略广告的负面作用。通过研究发现，男孩一年会看到大约 4 万条广告，其中包藏着许多高卡路里与油腻垃圾食物的宣传，不断引诱男孩消费。所以家长不要以为在广告时间就可以放松对男孩的引导，还是要留意一下男孩看的是什么广告。

### 3. 以优质的 DVD 取代不好的电视节目

已经有越来越多的家长发现电视节目已经不能提供给男孩更多有益的内容了，为什么不考虑花钱买一些优质的 DVD 来给男孩

观看呢？

有一位妈妈是个虔诚的基督徒，她总是为孩子准备优质的教会儿童节目，帮助孩子认识耶稣和圣母。当孩子习惯于看这些节目之后，也就不吵着要看电视了。

## 4. 将电脑或者电视放在不显眼的角落里，同时把遥控器也收起来

很多家庭习惯把电视机放在客厅最显眼的角落，而教育专家却提醒家长们，可以尝试将电视放在不显眼的角落里，以减少它给男孩带来的诱惑。如果不习惯家里没有电视机的声音，不妨打开收音机，有趣的音乐和广播同样会使家庭气氛活跃不少。

## 5. 电脑和电视都不要放在男孩的房间里

如果在男孩的房间里放置电视或电脑，只会让男孩和家中的其他成员更加疏远，同时也会影响他们做功课和睡觉的时间，更糟的是父母无从知晓他们的孩子是否接触到了不良的节目。

## 6. 不要把电视机或电脑看作是男孩的保姆

有的家长习惯于把男孩交给电视或电脑，觉得这样做孩子会更加安分。殊不知，这样做的结果只会让男孩对电视电脑倍感亲切。家长可以让男孩来分担一些家务，这样就不用担心他看太多的电脑或电视，同时还增强了男孩的做事能力。

## 7. 建议家长以身作则，尽量少看电视

很多家长不希望自己的孩子看电视，可是他自己却戒不掉，而且振振有词地说："我白天工作那么辛苦，就靠晚上看电视来放松休息，不看电视，那我干什么呢？"如果家长是这样的想法，完全没有办法、也没有资格来要求男孩不看电视、不玩电脑。

家长不妨尝试着关掉电视机，利用剩余的时间开展一些其他的活动，让孩子感受到父母的生活是那样的充实有意义，他们自然也就不敢浪费时间。

# 细节29  给男孩充分的信任，哪怕他没有尽力

我们常常强调"换位思考"，为对方着想可以减少误会，分享想法，是解决问题的最佳方式。但是这条规则至今还没有完全应用到成人与孩子的世界当中，虽然家长都是全心全意地爱孩子，却从来没有从孩子的角度去建设一个适合孩子生活学习的社会。

希望自己的教育能够起到真正的效果，这不是靠补习班和学习机就能实现。任何广告上宣称的简便方法，都是在利用家长的求急心理。我们明白做任何事情都不能投机取巧，教育孩子尤其如是。孩子的成长是一个日日积累的过程，因而了解孩子对父母的期待，也是父母的必修课。充分地信任孩子，给他最广阔的舞台施展自己，才是家长最需要做的。

"你看人家小玲，家长什么都不用管，她一回家就自己学习，年年拿奖状。你倒好，给你买这买那，你什么时候拿过一张奖状给我们看看？怎么我们就不能摊上一个好孩子呢！"说这些话的家长，思考过已经在学习上感到挫败的孩子此时对家长的期待吗？

"多大一点孩子，还跟我们谈隐私，你小时候吃喝拉撒睡都是我一手照料的，现在看一看你的日记，了解一下你的思想状况，犯得着这样大吵大闹吗？你有没有一点尊重父母的意识？"说这种话的父母，思考过开始懂得

羞怯、开始总结自己的生活的孩子此时对家长的期待吗？
············

　　孩子对父母有深厚的感情，他不一定通过言语表达，但是他一定会对父母，有不同于常人的期待：别人可以忽视他的进步，但是父母的赞扬一定不能少；别人可以对他的愿望充耳不闻，但是父母一定要理解他的心意。孩子对父母的期待，就像父母对孩子的期待那样真切、热烈，甚至让人觉得不能承受，但是父母似乎没有觉察。

　　朋友之间，需要互相欣赏。如果总有人在你面前赞美别人，你也会觉得难过，父母与孩子之间更是如此。孩子不希望自己被父母拿去和别人比较，因为简单的比较得出的结论往往是片面的，却会深深伤害孩子的心。孩子希望父母能够看到自己的进步，看到自己的努力。即使没有努力的孩子，听到父母的赞扬也会朝着好的方向转变，而骂声只会让孩子越来越没有自信。

　　孩子对父母也许有更高的期待，希望父母是超人，可以拯救地球；希望父母是亿万富翁，可以租下整个夏威夷；希望父母是道德楷模，受到万人敬仰……这与父母期待孩子成为科学家、富翁和君子是一样的。高的期待是建立在最基础的认可之上，孩子不能成为科学家，健康成长也值得欣慰；同样，父母不能做超人，相互尊重和信赖，还是应该做到。如果父母连最基本的期待都无法满足，彼此的心灵又怎能交流？

　　有些家长总是喜欢禁止男孩做这做那，比如不让读不健康的书，不让早恋，不允许玩游戏、网络聊天，等等。但是一味地严厉禁止，却不讲明利害，就容易产生"禁果效应"，增加男孩的好奇心，使他们在好奇心的驱使下甘冒风险去尝试那些也许并不甜的"禁果"，这反而使教育走向了反面。

　　在父母管教过严的家庭环境下长大的男孩，往往性格懦弱、没有主见、遇事慌张。家长过度限制男孩的自由，处处指责，也会影响他们自身各方面能力的提高，限制男孩的发展。

　　某 15 岁的初三男孩对自己的父母非常反感。他说，父母就像看劳改犯一样管着他，有时比看管劳改犯还要紧。他所做的每一件事都是父母为他安排的。他感觉到自己像一个玩具，毫无自由可言。连每天吃什么、穿什么、看多长时间书、做多长时间功课、练多长时间古筝、看多长时间电视、几点上床、几点起床，甚至连他日记中写的什么内容，父母都要干预……尤其让他感到不舒服的是：学校就在家对门，父母还要坚持每天接送他，这让他在同学面前很没有面子，感觉自己是一个实实在在的囚徒……

　　随着社会发展速度的加快和社会竞争的加剧，父母们"望子成龙"、"望女成凤"的愿望比任何时候都更为迫切，与之相对应的是父母对男孩将来的规划越来越多，甚至日常生活都要严加管理，时时刻刻地看管、监视和提防。

　　"囚禁"男孩的同时，父母也失去了自由。

　　殊不知这样教育出来的男孩可能一生循规蹈矩，本本分分，他们失去了自己的创造和想象能力，也没有自己的意见和看法，只知道被动地去生活。笼子里的鸟儿——男孩感叹：好没自由！父母这只鸟笼也慨叹：活着真累啊！

　　有位教育家说，当男孩显露出某方面的天赋时，我们的教育不但不加以引导和启发，反而用纪律的条条框框去归整它，使它符合我们大人的习惯，这是多么悲哀的事情啊。其实我们在用条条框框去束缚男孩行为的同时，也束缚住了男孩的思维，让他们的习惯固定化，使男孩变成一个只会听话而不懂思考的机器，这是万万不能的。

所以，纪律不是一味的限制，这也不许做，那也不许做，让男孩没有主动的权利。有时候纪律的另一个侧面，就是给予男孩适当的鼓励，打破常规，自己去发现。

## 建议一：帮助男孩认清生活的假象

男孩犯有过失，如果家长能心平气和地启发男孩，不直接批评他的过失，男孩会很快明白家长的用意，愿意接受家长的批评和教育，而且这样做也保护了男孩的自尊心。

通常我们批评男孩时总是声色俱厉，如临大敌，在这种情况下男孩容易受到伤害。所以我们不如换一副表情，比如我们可以用凝重、严肃的表情来显示我们对待男孩的错误态度，语调也大可不必高八度，相反可以比平常的声音更低沉一些。"低而有力"的声音，会引起男孩的注意，也容易使男孩注意倾听你说的话，这种低声的"冷处理"，往往比大声训斥的效果要好。

贝利从小就显现出非凡的足球天赋。他常常踢着父亲为他特制的"足球"——用一个大号袜子塞满破布和旧报纸，然后尽量捏成球形，外面再用绳子捆紧。贝利经常在家门前那条坑坑洼洼的小街，赤着脚练球。尽管他经常摔得皮开肉绽，但他始终不停地向着想象中的球门冲刺。

渐渐地，贝利有了些名气，许多认识不认识的人常常跟他打招呼，还向他递烟。像所有未成年人一样，贝利喜欢吸烟时的那种"长大了"的感觉。

有一次，当贝利在街上向别人要烟的时候，父亲刚好从他身边经过，父亲的脸色很难看，贝利低下头，不敢看父亲的眼睛。因为，他看到父亲的眼睛里有一种忧伤，有一种绝望，还有一种恨铁不成钢的怒火。

父亲说："我看见你抽烟了。"

贝利不敢回答父亲，一言不发。

父亲又说："是我看错了吗？"

贝利盯着父亲的脚尖，小声说："不，你没有。"

父亲又问："你抽烟多久了？"

贝利小声为自己辩解："我只吸过几次，几天前才……"

父亲打断了他的话，说："告诉我味道好吗？我没抽过烟，不知道烟是什么味道。"贝利说："我也不知道，其实并不太好。"说话的时候突然绷紧了浑身的肌肉，手不由自主地往脸上捂。因为，他看到站在他跟前的父亲猛地抬起了手。但是，那并不是贝利预料中的耳光，父亲把他搂在了怀中。

父亲说："你踢球有点天分，也许会成为一名优秀的运动员，但如果你抽烟、喝酒，那就到此为止了。因为你将不能在90分钟内保持一个较高的水准。这事由你自己决定吧。"

父亲说着，打开他瘪瘪的钱包，里面只有几张皱巴巴的纸币。父亲说："你如果真想抽烟，还是自己买比较好，总跟人家要，太丢人了，你买烟需要多少钱？"

贝利感到又羞又愧，眼睛里涩涩的。可他抬起头来，看到父亲的脸上已是泪水纵横……后来，贝利再也没有抽过烟。他凭着超人的自控能力和自己的勤学苦练，终于成了一代球王。

男孩的判断能力远不及大人成熟，他们时常会犯错误。但是，即使是男孩，也具有区分好坏的基本判断能力。如果犯了严重的错误，内心深处一定会有所察觉。虽然不知原因，他也会自问是否做错了。但另一方面，虽然意识到自己错了，如果父母在一旁呵斥，刚刚萌发的反省心也会一下子化为乌有，进而产生反感，甚至可能将错就错下去，如此就会带来相反的效果。

试想一下自己的生活：不论你用什么方法指责别人——你可以用一个眼神、一种说话的声调、一个手势，就像话语那样明显地告诉别人——他错了。你以为他会同意你吗？绝对不会！因为这样直接伤害了他的自尊心。这只会激起他的反击，绝不会使他改变主意。即使你搬出所有柏拉图或康德式的逻辑，也改变不了他的意见，因为你伤害了他的感情。

从心理学上分析，男孩是心理和行为的不成熟个体，家长必须对他们加以正确地指导和培养，在这个过程中如果家长能像朋友一样与男孩一起成长，效果会很好。但是，家庭教育中常见的问题是：父母对男孩寄予厚望，为了达到自己设定的目标，在男孩耳边不停地叮嘱、提醒。但这种做法往往收效甚微，甚至适得其反，使男孩产生厌烦情绪，还容易挫伤他们的自信心和自尊心。有些家长眼睛总是盯着男孩的缺点，翻来覆去地只讲缺点，不提进步。

其实，绝大多数男孩已能分辨是非善恶，只是缺少改正缺点的自觉和毅力。如果父母总是喋喋不休地数落男孩的缺点，反反复复地教训男孩，"我讲话你就是不听"，"怎么说你才能改呢"，他们会将此视为不信任，甚至产生逆反心理。这样，别说做知心朋友了，连正常的亲子关系也会被破坏。

## 建议二：教会男孩管理好自己

尼格尔·柏加是一位具有30多年警龄的英国人，在日内瓦举行的国际退役警员协会周年大会上，荣获"世界最诚实警察"的美誉。

尼格尔·柏加现年54岁，未婚。有一次，他到英格兰风景如画的湖泊区度假，发现自己在限速30公里区域内以时速33公里驾驶之后，给自己开了一张违例驾驶传票。他回忆道："由于当时见不到其他警员在场，无人抄牌，而最简单的办法莫过于把车停在路旁，走下车来，写一张传票给自己。"

驶抵市区后，他立刻把这件事报告了交通当局。主管违例驾车案件的法官起初大感意外，继而大受感动，他说："我当了多年法官，从未遇到过这样的案件。"结果，他判罚尼格尔25英镑。

尼格尔的正直与自律是一以贯之的。无论是在工作上，还是生活上，他都是一个严于律己的人。有一次，他的母亲在公园散步时擅自摘取花朵作为帽饰，当他发现后毫不留情地把母亲拘控了。不过，罚款定了以后，他立刻替母亲交付那笔罚款。他解释说："她是我母亲，我爱她，但她犯了法，我有责任像拘控任何犯法的人一样拘控她……"

一个要想有所成就的青少年如果缺乏自制力，就像一辆失去了方向盘和制动的汽车。而一个有自制力的青少年，不易被人打倒，通常能够做好分内的工作，不管是多么大的挑战皆能克服，为心灵交上一份满意的答卷。

一个人想要获得幸福，关键在于，如何将自身涣散的力量导向汇集的方向。这好比将四处流窜的污水引至一条挖掘好的渠道，化贫瘠为沼泽地、为金黄玉米田或丰收的果园。一个人下棋入了迷，打牌、看电视入了迷，都可能影响工作和学习。自制力，可以帮助你控制自己，果断地决定取舍。因此，若想管理好自己，必须用自制力克制对玩乐的沉迷。

人的自制能力在一定程度上取决于他的思想道德修养。而凡是具有远大崇高理想的人绝不会被感情冲动所控制，进而做出不良行为举动。因此，提高自制力的首要方法是树立良好的思想道德品质以及正确的价值观，保持积极乐观的情绪。

个人内心的文化素养程度同其承受能力和自控能力成正比。文化素质高的人往往能够全面正确地看待事物，认识自我和这个世界，自我控制、自我完善能力在较高的水平。所以提高自身文化素养，学习先进的文化知识是必不可少的。

管理好自己，提高自制力最重要的是自知。也即必须依靠内在动力，没有内在动力，一切仍然是空谈。内在动力，仍然是精神支柱或有理想追求在发挥作用。

# 细节 30  让男孩学会包容

宽恕胜于报复，因为宽恕是温柔的象征，而报复是残暴的标志，所以父母要让男孩懂得"以德报怨"。

小男孩哈根有一条非常可爱的狗，不幸的是，有一天下午他的狗被邻居家的狗咬死了。小男孩简直气疯了，发誓要打死凶手，为他的宝贝狗报仇。

哈根的父亲很理解儿子的情绪，他知道凭语言无法说服儿子，于是他把哈根领到了邻居家的院子后面。

"那条狗在这儿，"父亲对哈根说道，"如果你还想干掉它，这是最容易的办法。"父亲递给哈根一把短筒猎枪。哈根疑虑地瞥了父亲一眼，他点了点头。

哈根拿起猎枪，举上肩，黑色枪筒向下瞄准。邻居家的大黑狗用一双棕色眼睛看着他，高兴地喘着粗气，张开长着獠牙的嘴，吐出粉红的舌头。就在哈根要扣动扳机的一刹那，千头万绪闪过脑海。涌上心头的是平时父亲对他的教诲——我们对无助的生命的责任，做人要光明磊落，是非分明。他想起他打碎妈妈最心爱的花瓶后，她还是一如既往地爱他；他还听到别的声音——教区的牧师领着他们做祷告时，祈求上帝宽恕他们如同他们宽恕别人那样。

于是，猎枪变得沉甸甸的，眼前的目标变得模糊起来。哈根放下手中的枪，抬头无助地看着爸爸。爸爸脸上绽出一丝笑容，然后抓住他的肩膀，缓缓地说道："我理解你，儿子。"这时他才明白，父亲从未想过他会扣扳机。他要用一种明智、深刻的方式让他自己作出决定。

哈根放下枪，感到无比轻松。他跟爸爸蹲在地上，解开大黑狗，大黑狗欣喜地蹭着他俩，短尾巴使劲地晃动，仿佛在庆幸自己免遭枪杀。

宽容是消除报复的良方。对于宽容的男孩来说，没有什么不可以饶恕的。在他宽恕别人的同时，也会将自己内心的仇恨一并消除，从而获得更多的快乐。

现在的很多男孩，大都具有"自我保护"意识，缺少宽容精神。有专家指出，孩子们之所以不会宽容，是因为别人没有给他们宽容的机会，在生活中，也很少有人向他们提出这种要求，在家庭教育的过程中，要培养孩子的宽容品性，父母们应该做到以下几点：

第一，父母要起表率作用，在家庭成员间要做到友爱、宽容。如果你希望自己的孩子学会宽容，你首先应该具有宽容的品质和开阔的心胸。如果父母本人总是无视他人意见，心胸狭窄，对别人总是要求苛刻，为一点小事争执不休，为一点小利斤斤计较，习惯于将自己的意志强加于人，而不给别人改正的机会，男孩又怎么能学会宽容呢？

第二，家长要引导男孩学会设身处地为对方着想。家长要让男孩明白一个道理：人人都有缺点和不足，在和同伴相处的过程中，没有必要求全责备，只要不是特别过分，就应该对他人予以理解和宽容。家长应该多让男孩和小伙伴们交往，其实，宽容之心只有在交往活动中才能培养起来。

第三，让男孩亲近大自然。大自然是一本永远也读不完的最生动的教科书。很多学者都曾经说过，大自然的博大与雄浑可以使人心胸开阔，性格开朗，心情愉悦，进而使人产生宽容之心。因此，家长应该多带男孩亲近大自然，让奔腾的河流、浩瀚的大海、秀丽的湖光山色陶冶男孩的心灵，开阔男孩的视野和胸襟。

第四，让男孩学会从别人的角度考虑问题，并且承认对方有表达自己看法的权利。那么，你不仅可以了解别人，赢得友谊，而且，会与别人很好地沟通。

第五，家长要鼓励男孩接纳新事物。其实，作为一种处世原则，宽容不仅体现在对"人"的态度上，也体现在对"事"对"物"的态度上。我们这个社会发展变化很快，因此，父母要引导男孩多见识一些新生事物，让男孩喜欢并且乐意接受新生事物，学会知变和应变。

## 建议一：包容——男孩人际交往中无坚不摧的利器

一个人经历过一次忍让，就会多一份宽阔的心胸。多一份包容，就会多一个朋友，少一个敌人。"海纳百川，有容乃大"，让孩子学会包容，身边才能够充满知心朋友和良师。宽容不仅是待人的准则，也是一种有助于保护心理健康的小习惯。

威廉·麦金莱在当选了美国的总统之后，指派某人做税务部长。当时有很多政客反对此人，他们纷纷派代表前往总统府，要求麦金莱说明委任此人的理由。为首的是一位身材矮小的国会议员，他的脾气暴躁，说话粗声粗气的，开口就把总统大骂一番。麦金莱却不吭一声，任凭他声嘶力竭地叫喊，最后才心平气和地说："你讲完了，怒气应该平息了吧。照理你是没有权力这样责问我的，但是现在我仍然愿意详细地给你解释。"

麦金莱的这几句话说得那位议员化怒为羞，不等麦金莱解释完，那位议员已经折服了，他心里懊悔自己不该用这样恶劣的态度来责备如此和善的总统。因此，当他回去向同伴做汇报的时候，只是说："我不记得总统的全部解释是什么了，但是有一点可以肯定，那就是我相信总统的选择没有错。"

麦金莱正是使用"宽容"这个撒手锏，没有费吹灰之力就说服了对方，而且使那位议员从此改变了自己的态度，不再做出令人难堪的举动。宽厚、谦让能促使人形成胸怀大度的高尚品德。宽容、谦让的人具有宽阔的胸怀，他们为人开朗、豁达、礼貌。他们宽容别人，忍让别人，并不是没有力量反击，而是出自一种高尚的情操。

作为家长都希望自己的孩子能有一个健全的人格，而学会包容别人、欣赏别人是具有健全人格的一个方面。福莱曾经说过：一个不肯原谅别人的人，就是不给自己留余地。因为每一个人都有犯过错误而需要别人原谅的时候。而学会宽容、学会大度，是我们每个人生活中的一件大事，整天被不满、怨恨心理所控制的人是最痛苦的人。学会宽容也就是学会了爱自己。

作为父母，应该充分认识到宽容对孩子来说不仅是一种待人准则，而且是一种保护心理健康的习惯。

现代科学研究发现，宽容有利于一个人的健康成长。美国密歇根州立大学的研究人员进行的一项研究发现，当人们都想要报复他人时，血压就会明显上升；而在宽容他人时，血压则显著下降。因此，作为父母一定要培养男孩宽容的习惯。那么怎么培养男孩的宽容呢?

第一，让男孩学会善待他人。父母应该让孩子明白这样的道理，别人就是自己的影子，所以善待他人就是善待自己。对他人多一份理解和包容其实就是在支持和帮助自己。

　　张亚勤总是给人很宽厚的感觉，无论是外表还是说话的声音。他总是能不经意间地察觉到对方的杯子里是否需要添水，也会很留心地让对方先坐在一个较舒适的位子上。可以看出，他非常在意别人的感受，也很愿意与周围的人和谐相处。

　　张亚勤在美国当学生会主席的时候，天天忙着搞活动，跑来跑去的，成天帮别人帮得高高兴兴的。国内的企业代表团到华盛顿去访问时，他去接机，是当时著名的"免费司机"。"当时大家的关系都很近，一到了周末就会在一起。特别有大家庭、团队的感觉，很值得怀念。"张亚勤这样说道。由于张亚勤的宽厚温和，他的朋友遍天下，与很多中国留学生在国外闭塞的生活很是不同。

第二，多给男孩创造机会接触同龄的人，在交往当中取长补短，提高人际交往能力及社会适应能力，养成良好的性格。必要的时候应该让男孩体验一下不被别人谅解的难过，因为如果一个孩子不会谅解别人，就容易养成霸道、蛮横、自私、无情的坏习惯，容易被孤立，今后走入社会就会吃大亏。

在美国达特茅斯大学读本科的中国男孩陈青留学期间深有体会：心胸开阔，宽厚待人的学生一般都能够很好地适应国外的学习和生活。"我见过不少中国的学生总是聚在一起，因为他们发现和其他国的人交往起来很困难。他们觉得只要拿到学位，其他就无关紧要了"。陈青说，"其实，这种想法是狭隘的，不利于人的成长成才。"

陈青解释到，中国孩子与外国人的交往困难，主要是由于文化差异而引起的。美国人言谈比较自由，爱开玩笑，但同时他们不喜欢打开隐私，他们做事比较随意，喜欢创新，但是对于制度性的东西确实说一不二，从不会有通融的余地。中外文化各具特色，要试着用开放的心态来包容对待，交往才会变得愉快。

总之，宽容是交往和沟通的润滑剂，它会让孩子在宽松的人际环境里成长。心胸开阔的男孩适应能力会更强。


## 建议二：不要让男孩戴着有色眼镜看人

智者的眼睛是雪亮的，看人准确、恰当。然而，生活中我们却常犯一种错误，即虽然并没有带太阳镜或茶色眼镜，看人却带有眼色，把正直的人看成恶徒，有才华的人看作窝囊废。这称之为"用有色眼光看人"，相当于门缝里看人，一洞窥天，全是偏见。

用有色眼光看人，就是带着固有的感情色彩，也就是带着成见去识别人。虽然这是识人中的大忌，但用有色眼光去看人，在古今中外的历史上都是屡见不鲜的。

用有色眼光看人，首先体现在对没有出名的"小人物"起初的轻视上。

法国年轻的数学家伽罗华把 17 岁时写出的关于高次方程代数解法的文章，送到法兰西科学院，没有受到重视。20 岁时，他第三次将论文寄出，审稿人波松院士看过之后的结论是："完全不可理解！"

又如贝尔想发明电话，他将自己的想法说给一位有名的电报技师，那技师认为贝尔的想法是天大的笑话，还讥讽地说道："正常人的胆囊是附在肝脏上的，而你的

身体却在胆囊里，少见！少见！"好在贝尔并没有相信这人的一派胡言，凭着高度的自信将实验坚持了下去，而最终取得了成功

学术上的门户之见，也是用有色眼光看人。

1968 年，英国皇家学会为研究碰撞问题而悬赏征文。荷兰人惠更斯文章最好，可是，因为他不是英国人，而被扣发文章。后来，他的论文被法国赏识，在法国出版，他本人当上了法国科学院院长，为法国的科学发展发挥了重要作用。

用老眼光看人是另一种表现形式。世界上任何事物都是在不断发展变化的，没有绝对的静止。告诉孩子，一个人最初的工作可能简单、平凡，但这并不妨碍他将来的工作重要、地位显赫，没有人能够预知自己的未来，所以，看人时也不要以对方现在的状态而自作聪明地评价对方的将来。

小张少年家贫，读书不多，16 岁后靠着在城里工作的小叔介绍，才得以在一家公园里当上环卫工人。小张是个勤奋好学、上进的孩子，利用业余时间自学文化知识。经过几年的努力，20 岁时他已取得国家自学考试中心颁发的大学文凭。后来，一次偶然的机会，他发现文化礼品市场巨大，就集资做起了文化礼品生意。5 年之后，他的公司成为当地最大的文化礼品公司。腰包已满，衣锦回乡，他在回家的路上碰见一位十年未见的村里长辈。村里长辈关心地问他："在公园当环卫工人，受人欺负吗？"他一时无语回答。

用有色眼光看人，会使我们犯下许多错误，从而影响我们正常的人际关系。摘下"有色眼镜"，看一论一，以眼前论眼前，凭事实说话，对别人作出客观评价，这样才能使我们避免出现"偏见"错误。

告诉男孩，要克服成见，可从以下三个方面来着手：

第一，在心中评判别人，要有主见，有自己的一套正确的原则和标准，不能人云亦云，更不能只根据外表，随便下判断。

第二，看人要全面，要做全面的分析。苏轼有诗云："横看成岭侧成峰，远近高低各不同。"只有横向视野而没有纵向视野，或者只有近距离视野而没有远距离视野，都会产生感觉和认识上的偏差，造成与人交往中的导向失误。必须全面观察、考察一个人，才能较准确地予以评价。

第三，多听取别人的意见和看法。要真正认识一个人，仅仅靠自己是不行的，单单靠几个朋友的介绍也是不够的。而是需要广开信息渠道，从"内围"到"外围"，从正面评价到反面意见，进行全方位的信息收集，然后进行认真分析的"精加工"，这样，判断才能比较准确。

# 第六章　"穷"养不穷志

——饱经挫折和苦难的男孩最有出息

# 细节 31　庭院里训不出千里马

据说在日本的北部生存着一种狐狸，当母狐狸生下幼崽后，狐狸家庭的生活是充满温馨和幸福的。但当狐狸崽儿刚开始蹒跚学步，狐狸父母便迫不及待地教它们如何捕猎食物，再稍大一点后，狐狸父母便狠心地把小狐狸咬走，逐出家门。当怀恋家庭温暖的小狐狸又偷偷地回家时，狐狸父母便会毫不嘴软地再咬，哪怕咬得鲜血淋漓，伤痕累累，也绝不容许它们返回家门。狐狸们深知，小狐狸不可能靠大狐狸养一生，在激烈的生存竞争中，只有学会高强的生存本领，长大才会潇洒自如地生存下去，而高强的生存本领则只能靠自己从小锻炼才成。

狐狸的教子方法无疑是很聪明的，大狐狸狠心地把小狐狸咬出家门，让小狐狸在吃苦中成长，久而久之，锻炼出了小狐狸较强的生存能力。中国人常言："庭院里训不出千里马。"为了孩子能成为千里马，家长千万别把"小马驹"圈在庭院里保守地"饲养"，而应该让他们冲出庭院，去接受挑战，去冒险。

世界充满了机会，儿童充满了好奇。家长要重视保护孩子的冒险精神，鼓励孩子做探路者，而不是模仿者和追随者。想想你在平时是不是有过类似情形：限定孩子出去玩耍的时间，并告诫孩子不能够乱跑乱碰等；孩子对自然界陌生的事物感到好奇时，会情不自禁地去尝试，这时你会顾虑产生危险而禁止孩子去冒险探索未知的事物。

不让孩子冒险，就不能使其度过人生的大危险。来自现实教育的报告指出，小孩子使用工具的能力很差，不能用刀削铅笔，上版画课时，让孩子带雕刻刀，马上就把手划破了。

但是，如果人一次也不体验危险，也就不会产生回避这种危险的智慧。这或许有些夸张，但是可以说人类的历史就是反复与这种危险进行斗争的历史。

然而，现在的孩子们几乎没有得到尝试这种错误的机会了，用一句话来说，这就是父母过于保护的结果。

当然没有必要让孩子平白无故地去冒险，在生活中存在着许多培养孩子克服一定程度危险的机会，有时让孩子成为掉落谷底的狮子也是很必要的。孩子未必一辈子都能在安然的环境中生活，应当尽量让他们去体验，让他们增强适应能力，这也是父母所应尽的责任。

每个人在成长过程中都需要冒险，都需要面临失败。其中，也许有些孩子失败的次数比较多，家长也会由此变得不安，他们担心孩子的前程，于是处处防患于未然，不让孩子失败。

要锻炼孩子的勇气，常常对父母自身的勇气是一个考验，他们往往对孩子的安全过于忧虑，为防止万一发生危险，而宁愿牺牲孩子锻炼的机会。然而，这样做事实上是很自私的。父母更多地是为了保护自己的孩子不受万一可能发生的危险的伤害，害怕自己不能承受由此而来的打击，所以为求保险而加倍保护，造成孩子缺乏勇气的弱点。我们需要克服这种自私，为孩子的将来着想，大胆鼓励他们去做力所能及的事情，做一个勇敢的孩子。

为培养孩子的勇气，以及给予他们更多自由的玩耍空间，父母就应当多鼓励孩子，少打击孩子。比如孩子的脚还蹬不到自行车蹬子就想骑车，从未离开过父母就想和同学一起去郊游时，不要轻率地否认孩子想要试一试自己能力的努力，不要说"不行，太危险了"之类的话。

一位儿童心理学家说："人应该有探索，有追求。而这些都离不开冒险探索的精神。""初生牛犊不怕虎"，孩子本来是无所畏惧的，他们喜欢冒险，积极探索的精神就是从这里产生的。

西方幼儿教育很注意让孩子们在各种冒险活动中去体验成功的滋味，锻炼勇气和信心。比如在看马戏时，让一头身挂很多玩具的牛在舞台上来回走动。主持人宣布，愿意上台摘玩具的孩子，只要把玩具拿到手便归自己，另外再发奖品。孩子们都踊跃上台，而在座的家长却没有人会加以阻止。如果孩子在拿取牛身上的玩具时表现得很勇敢很机灵，便会博得全场一阵阵热烈的掌声。孩子们在克服重重困难的过程中增强了勇气和信心。这种积极进取、不畏艰险的精神，是由既放心又放手的勇敢的家长培养出来的。

因为害怕危险而不敢让孩子去冒险，无异于因噎废食。作为父母，应该鼓励孩子成为探路者而不是模仿者。

## 建议一：外面的世界更适合男孩

爬树、登高、从高处往下跳、溜冰、滑雪等，这些在家长看来很危险的行为，却是有些男孩最喜欢的运动。男孩子好像总是那么精力充沛、一刻都不想停下来。因此，有些家长经常不由自主地叹气：淘气的孩子真麻烦，他好像时时刻刻都在设法让你提心吊胆。然而，很少有家长从源头上分析：我的孩子到底怎么了？为什么他总是做这些危险的活动？为什么他的精力总也用不完？

一家三口正在不声不响地吃饭，儿子突然开口说话了：“我找到一个鸟窝！”

母亲抬起头，瞪大了眼睛，父亲也聚精会神地听儿子说话。男孩很高兴，指手画脚地讲了起来。他说，今天放学回家的路上，看见一只金翅雀从一棵大白松树树冠里飞出来。他就在浓密的树枝里搜寻，终于发现在高处一根树杈上有一团乌黑的东西。

他把书包放在地上，开始往松树上爬。巨大的松树又粗又高，他那小小的身子紧紧贴在树皮上，慢慢往上挪动，每一次挪动都要分两步进行：先用胳膊抱住，接着两条腿尽量往上蜷，最后才停下来，四肢牢牢抓住坚硬的树干，用了很长时间才爬上去。

父亲和母亲惊呆了，谁也没有吱声。就这样，两个人战战兢兢、一声不响地听着。

男孩的天性就是喜动不喜静，他们有使不完的劲儿，其实，我们并不能完全责备这些精力充沛的孩子。冒险对他们来说是一种证明自我的机会。而爬树是诸多冒险行为中最受男孩尊崇的一种。

这在父母看来是一种危险，而对男孩们来说却是有价值的危险。首先，男孩可以通过观察树的整体，判断自己是否能爬上去。如果认为能爬，就会想到下一步的方法，确定从何处往上爬，那个树枝能否支撑自己的体重，需要确认的项目很多。这样，当孩子们根据自己的印象判断能够爬到树顶时，便决定进行实际爬树，当然有时也会从树上掉下来受伤。但这是因为自己的判断不得法而产生的失败，这将成为下一次成功爬树的经验。

对这些男孩们来说，冒险可以为他们的生活带来一场全新的体验，或者可以这样说，在他们的眼中，冒险的体验就是生活中快乐的本源。对于未知的事物他们根本就不懂得恐惧，所以也喜欢做更多的尝试。可以想象，如果在孩子的生活中只是面对同样的学习生活，总是重复着同样的内容，那该有多么地单调乏味啊，那又会有什么收获呢？

父母要给男孩提供冒险的机会。让孩子去尝试新的东西，独辟蹊径，屡败屡战。很多发明家都是最富于冒险的人。因为，他们敢于做许多次试验，直到成功才罢休。冒险不等于蛮干，人们要在冒险中不断地总结、思考、突破。否则，纵然有成功的欲望，但是却不敢冒险，又怎么会实现伟大的目标呢？

在不确定的环境中，人的冒险精神就是最有创造价值的财富。初生牛犊不怕虎，男孩们在做事的时候往往有更强的开拓性。父母们不妨试着培养男孩的冒险精神，勇于尝试和开拓的豪气会让男孩有更新鲜、更活泼的生活。

## 建议二：妈妈应支持男孩多参加社会实践

人是一个群体性动物，男孩子也不可能只拘囿在家庭和学校，总是要融入社会的。所以如果他们能提前接触社会，参加社会实践活动，不但能学到更多的知识和人生经验，还能丰富他们的阅历，为他们将来走入社会打下坚实的基础。

无偿献血是指为了他人生命，自愿将自己的血液无私奉献给社会公益事业，而献血者不向采血单位和献血者单位领取报酬。无偿献血是无私奉献、救死扶伤的崇高行为，是不以金钱为目的、奉献爱心的体现，是保证医疗安全用血的必由之路。只有以人道主义无私奉献而不是经济报酬为目的的无偿献血，才能从根本上消除有偿供血带来的各种弊病，血液质量才能得到保障，才能保护受血者的安全，才能最大限度地降低经血液传播疾病的危害。作为一项利民利己的公益事业，每一个男孩都要踊跃加入献血者的行列。如果能用自己的鲜血，使另一个人获得重生，这是一件多么幸福的事情啊！更何况天有不测风云，谁也不能保证自己有一天不会倒在病床上，接受别人血液的救治。如果真有这么一天，男孩会对为他献血的志愿者抱着一份感恩之情。

献血不但是有利于他人的行为，也是有利于自己的行为，当人们献血后，会适度降低血液的黏稠度，从而使血流加快，脑血流也随之增加，供氧量加大，人会感到身体轻松，头脑清醒。

此外，美国堪萨斯大学医学中心心血管疾病研究小组对 665 名献过血的人和 3000 名未献过血的人进行的跟踪调查，结果发现在过去 3 年中，献过血的男子患心血管疾病的危险只有未献过血的人的 1/2，患某些心血管疾病的危险只是后者的 1/3。研究人员解释说，这一现象与体内铁元素的贮量减少有关。

无偿献血是国际卫生组织、国际红十字会推崇的献血形式。当今世界上很多国家已经做到了临床用血来自无偿献血，无偿献血已经成为衡量一个社会文明程度的标志。各国政府都十分重视和关心无偿献血，在美国，一个很流行的献血口号是"给您一个礼物，生命"。在美国人的心目中，献血是崇高的行动。1975 年约旦首都安曼建立了一座中央血库，第一个来参加献血的是约旦国王侯赛因。日本 1985 年评出的最佳献血口号是"献血是爱，是勇气，是关怀"，目前，已被全世界各国血站所采用。1997 年 3 月菲律宾总统拉莫斯第 41 次参加无偿献血（每次 250 毫升），以此来作为他 69 岁生日的纪念。他常说：献血使他年轻 20 岁。在许多国家，公民献血后吃几块点心，喝杯饮料，就各自去干自己的工作，从不领取任何报酬，人们把献血看作是健康人对社会应尽的义务，是很普通的事。在保证男孩身体健康的情况下，父母应该鼓励男孩加入义务献血的行列。

但是，父母要把献血应注意的事项传达给男孩：

（1）应学习献血知识，了解献血常识，消除紧张心理。

（2）献血的前一天不要过度疲劳，最好洗个澡；献血前两餐不吃油腻食物、不饮酒；晚上不要饮食过量，但也不要空腹，可吃馒头、蔬菜等清淡食物；要有充足的睡眠。

（3）献血当天，思想要放松。

（4）献血后，要注意休息，保持良好的情绪，避免剧烈的活动，并且增加营养（如瘦肉、鸡蛋、动物肝等）和水分，有利于血液的恢复，但不应暴饮暴食。献血后为防止针眼感染，献血者要注意 1～2 天内不要让针眼处沾水，保持清洁。献血后当天不可参加剧烈运动或通宵娱乐活动。健康献血者间隔 6 个月之后方可参加下次义务献血。

男孩都有一种希望被肯定的欲望，希望自己做的事情得到认可。志愿者就为男孩提供了这样的一个平台。

志愿者是指不为物质报酬，基于良知、信念和责任，自愿为社会和他人提供服务和帮助的人。注册志愿者是指按照一定程序在团组织、志愿者组织注册登记、参加服务活动的志愿者。男孩当志愿者之前，父母应该让他们知道一些志愿者的基本常识。

注册志愿者应具备的基本条件：

（1）年满 14 周岁。

（2）具有奉献精神。

（3）具备与所参加的志愿服务项目及活动相适应的基本素质。

（4）根据自身愿望和条件至少选择一个志愿服务项目，从事一定时间的志愿服务工作。

（5）遵纪守法。

此外，父母还应该让男孩知道，他们可以参加那些志愿活动，下边的活动就是一种很必要的参考：

### 1. 扶贫接力计划

教育、科技、医疗卫生。

### 2. 社区发展计划

一助一长期结对服务，教育、科技、文化、卫生"四进巷"活动社区 PC 服务。

### 3. 保护母亲河行动

绿色行动营、临时性环保活动。

### 4. 健康救助计划

助老、助残、助幼。

### 5. "三下乡"活动

文化、科技、卫生。

### 6. 抢险救灾

水灾、雪灾、震灾、消防。

### 7. 大型赛会服务

技能服务、体力服务。

### 8. 志愿者组织管理

街道、社区服务站（队）管理。

### 9. 其他公益机构

福利院、敬老院、慈善会、红十字会、医院、图书馆、博物馆、纪念馆。

### 10. 捐助

志愿者组织、志愿者服务项目、资金、物品。

今天，环境问题日益突出。美丽的森林日渐消失，绿洲成为荒漠，土地贫瘠化，资源消耗过大……热爱自然，保护环境，让男孩从自身做起吧！

一个人怎样才能承担拯救环境的艰巨任务呢？男孩可以考虑参加有组织的活动，为拯救环境做出自己的贡献。父母要建议他们从身边的小事做起，从点滴做起，去爱护环境。

### 1. 养成不随地吐痰的习惯

如果因为感冒而克服不了的，应该准备卫生纸，吐在纸上，再扔进垃圾桶。

## 2. 努力克服随手乱丢的坏习惯

要把废纸、果皮、包装袋扔进垃圾桶中，特别要杜绝从楼上往楼下扔东西的不道德行为。在卫生保洁或值日时，无论走多远的路，都要把垃圾及时倒进垃圾容器中，且不可乱倒。

## 3. 养成随手捡拾地面上废弃物的习惯

尽量少吃零食，不要再给我们的地球增加"白色垃圾"了。

## 4. 爱护动物，它们也是活生生的生命，要善待它们

当然，也要爱护花草树木，不要随意伤害它们。

## 5. 节约用电、用水、粮食等
## 6. 了解环保知识，积极参加环保义务劳动，进行环保宣传

# 细节 32  男孩受"穷"而知奋进

一位已经上了大学的男孩，喜欢吃鱼，但不"喜欢"择刺儿。据说他妈妈"喜欢"择刺儿，而"不喜欢"吃鱼。于是他们母子多年来就成了理想的"搭档"。后来，男孩到了一个盛产鱼的国度。他从那里回信说，正是妈妈的"喜欢"帮助，几乎剥夺了他维生的"技术"。

爱默生说："坐在舒适软垫上的人容易睡去。"一个人坐在健身房里让别人替自己练习，是永远无法增强自己肌肉力量的。

惯于依赖的孩子遇事首先想到别人，追随别人，求助别人，没有自信心，不敢相信自己，不敢自行主张，不能自己决断，在家中依赖父母，日后在外面宁愿依赖同事、依赖上司，也不愿自己创造，不敢表现自己，害怕独立。这都意味着人格还没有趋于成熟和健全。

心理学的研究把人分为两种类型，即内控型和外控型。内控型的人常常这样描述自己："我身上发生的事很大程度上取决于我自己做出的决定和付出的努力。当我无法改变事情的时候，我仍然可以决定以何种方式来应对。"外控型的人经常会这样说："我的快乐和痛苦不是我能决定的，这取决于别人或取决于命运。"换句话说，内控型的人相信自己，并会通过努力和负责的行动，改变自己的命运；外控型的人认为人是不能改变自己的命运与境遇的，因而他们是被他人、外界或命运摆布的弱者。

把孩子放在可以依靠父母或是可以指望帮助的地方是非常危险的。在一个可以触到底的浅水处是无法学会游泳的，而在一个很深的水域里，孩子会学得更快更好。当他无后路可退时，他就会安全地抵达河岸。依赖性强、好逸恶劳是每个人与生俱来的本能，而只有把孩子逼到"迫不得已"的形势下才能激发他们身上的最大潜力，只有让孩子完全抛弃可以依赖的"拐杖"，勇于去走自己的道路，才能真正自立自强。

一家大公司的老板曾说，他准备让自己的儿子先到另一家企业里工作，让他在那里锻炼锻炼，吃吃苦头。他不想让儿子一开始就和自己在一起，因为他担心儿子在他的大树荫下，被他遮住了阳光，从而难以成为栋梁。在这方面，华人富豪李嘉诚做得很好。他曾让自己的儿子李泽钜和李泽楷两兄弟到过外国人的咨询公司打过工，磨炼他们独立的精神，他的用心得到了实际的回报。李泽钜后来担起了家族发展的重担，而李泽楷也拥有了新的事业，和父亲并驾齐驱，一同奋战商海。

这些具有远见的家长知道，在父亲的溺爱和庇护下，想什么时候来就什么时候来，想什么时候走就什么时候走的孩子很难会有大的出息。只有自立精神能给人以力量与自信，只有依靠自己才能培养成就感和做事能力。

有这样一则寓言：两只青蛙在觅食中，不小心掉进了路边一只牛奶罐里，牛奶罐里还有为数不多的牛奶，但是足以让青蛙们体验到什么叫灭顶之灾。

一只青蛙想：完了，全完了，这么高的一只牛奶罐啊，我是永远也出不去了。于是，它很快就沉了下去。

另一只青蛙在看见同伴沉没于牛奶中时，并没有沮丧，而是不断告诫自己："上帝给了我坚强的意志和发达的肌肉，我一定能够跳出去。"它每时每刻都鼓起勇气，鼓足力量，一次又一次奋起、跳跃——生命的力量与美展现在它每一次搏击与奋斗里。

不知过了多久，它突然发现脚下黏稠的牛奶变得坚实起来。原来，它的反复践踏和跳动，已经把液状的牛奶变成了奶酪！不懈地奋斗和挣扎终于换来了自由的那一刻。它从牛奶罐里轻盈地跳了出来，重新回到绿色的池塘里，而那一只沉没的青蛙就留在了那块奶酪里，它做梦都没有想到会有机会逃出险境。

有时候我们的人生也会遭遇青蛙的境遇，很多突如其来的挫折或困难会阻挡我们前进的脚步。但是有的人却成功了，是因为他们能够坚强地面对；而有的人失败了，是因为他们面对困难一蹶不振，失去了继续拼搏的勇气。伟大的发明家爱迪生说过，厄运对乐观的人无可奈何，面对厄运和打击，乐观的人总会勇敢地迎接挫折！因此，我们要告诉孩子，跌倒了不要怕，勇敢地站起来就能看到一片艳阳天！在日常生活中，我们也要不断地锻炼孩子的勇气！在锻炼孩子勇气方面，英国人的做法是值得家长们学习的。

曾经有这样的事情：英国西南部的瓦伊河畔，有一所由少年探险组织建立的河流探险训练中心，专门为孩子们提供进行探险活动的机会，以训练他们的勇气和坚强的意志。

在那里，孩子们每天一早就来到河边，由专门的人负责教他们游泳和划船。训练是艰苦而紧张的，每一次练习都有孩子落水，也有人受伤。在激流中拼搏，需要具有坚强的意志和勇气。孩子们在这里不仅仅学习了划船等技术，更重要的是锻炼了他们的意志，培养了勇敢的精神，同时也懂得了互敬互爱和团结合作。

在英国很多地方都有类似的活动，目的不是让孩子学习某种技巧，而是锻炼孩子的意志和勇敢精神，为他们以后的工作和生活做好各方面的准备。

在家庭教育中，英国人的这种做法是值得提倡和推广的。锻炼孩子的勇气，首先要求父母是勇敢的人。如果父母自身就对困难或对带有一些危险的活动感到害怕，那么这样的父母培养出来的孩子就不可能有勇敢的精神。有些父母仅仅是为孩子的安危担忧而牺牲给孩子锻炼的机会。事实上，这样做是很自私的，也是很懦弱的表现，因为这些父母更多地是为了保护自己的感情不受到万一可能发生的危险所带来的伤害。

## 建议一：娇气的男孩没有竞争力

不少父母都不自觉地把男孩看作"我的孩子"，认为男孩是属于自己的，没有意识到男孩其实是一个独立的人。纪伯伦告诫人们："孩子来自你的身体，但是不属于你。你可以给他们爱，但不能塑造他们的思想……"家长对男孩过度的呵护与保护、过高的期望及管教，会扼杀男孩本来的天性，令其窒息，甚至产生严重的后果。不经意间，我们的做法正是以爱的名义代替了男孩精神的独立。

为了帮助男孩摆脱娇气脆弱心理，家长可以试着从这几个方面进行：

## 1. 让男孩学会辩证地看待问题

让男孩知道一个人经受一些适当的挫折，并不完全是坏事。反之，一个人如果从未经历困难和挫折，从来都是一帆风顺，就会犹如温室里的花朵，经不起人生中的风霜雨雪，很容易被一时的挫折压垮，这样的人也是难以有所作为的。

让孩子知道他遇到的每一个挫折都是对自己的考验：学习中遇到难解的题目，证明提高自己学习水平的机遇来了；生活中遇到问题，证明增长阅历的机会来了。只有这样，才能将挫折视为乐趣，迎接各种挑战。

## 2. 告诉男孩"跌倒了再爬起来"

父母可以给男孩举一些坚强的事例，比如体操运动员桑兰，比如诺贝尔等人的经历。让孩子明白一个道理：挫折并不可怕，只要能适应挫折、直面人生、勇于拼搏，就能战胜惊涛骇浪，驶过激流险滩，从而到达成功的彼岸！

## 3. 和男孩一起寻找失败的原因

比如，孩子的期中考试没有考好，那么家长可以和孩子共同坐下来分析这次没考好的主要原因。分数虽然不能绝对说明问题，但一定程度上反映了孩子对这些知识的掌握情况。父母可以帮助孩子总结经验。另外，学习的重点应当明确，学习不是单纯为了追求分数，而应注意解题方法的全过程；许多知识都触类旁通，不能只是机械地去背，要学会思考，只有这样，才能把各种知识联系起来，把学来的知识记牢。

通过与孩子一起正确归因，使孩子面对现实，认清自己学习的缺漏所在，从低落的情绪中走出来，在以后的学习生活中重整旗鼓。

小仲马在年轻的时候是一个名不见经传的小写手。有一次，大仲马得知自己的儿子小仲马寄出的稿子总是碰壁，就告诉小仲马说："如果你能在寄稿时，随稿给编辑先生附上一封短信，说'我是大仲马的儿子'，或许情况就会好多了。"

小仲马断然拒绝了父亲的建议，他说："不，我不想坐在你的肩头上摘苹果，那样摘来的苹果没味道。"

年轻的小仲马不但拒绝以父亲的盛名做自己事业的敲门砖，而且不露声色地给自己取了十几个其他姓氏的笔名，以避免那些编辑先生们把他和大名鼎鼎的父亲联系起来。

面对那些冷酷无情的退稿笺，小仲马没有沮丧，仍然坚持自己的创作。他的长篇小说《茶花女》寄出后，终于以其绝妙的构思和精彩的文笔震撼了一位资深编辑。这位知名编辑曾和大仲马有着多年的书信来往。他看到寄稿人的地址同大作家大仲马的丝毫不差，便怀疑是大仲马另取的笔名，但作品的风格却和大仲马的截然不同。带着这种兴奋和疑问，他迫不及待地乘车造访大仲马家。

令他大吃一惊的是，《茶花女》这部伟大的作品，作者竟是大仲马的年轻儿子小仲马。

"您为何不在稿子上署上您的真实姓名呢？"老编辑疑惑地问小仲马。

小仲马说："我只想拥有真实的高度。"

老编辑对小仲马的做法赞叹不已。

《茶花女》出版后，法国文坛书评家一致认为这部作品的价值大大超越了大仲马的代表作《基督山伯爵》，小仲马一时声名鹊起。

许多时候，家长对男孩过度的呵护与保护、过高的期望及管教，都会扼杀男孩的天性。冷静地想想，看看自己是否存在下面的几种情况：

（1）孩子做一切事情你都不放心，只有自己帮他料理好才会安心；

（2）认为只要孩子"听话"就好，"乖宝宝"是好孩子；

（3）严格管理孩子的饮食起居、学习计划以及社会交往等活动；

（4）经常干涉孩子的事情，自作主张地为孩子安排。

家长可以细心地体会一下，当一个动物园里的老虎被饲养习惯了，要接受放养时，通常自己就不会捕食了。自然界的生存法则告诉我们：动物如果不学会自己捕食的话，迟早有一天不是被饿死，就是被猎杀。男孩也是一样，如果父母从小不培养他的独立精神，当他走入社会之后就会感觉束手无策。那个时候，他又能依靠谁呢？正是由于这个原因，父母应该有意识地避免对男孩的过分保护，给男孩独立的机会，让他来解决自己的事情。

男孩的发展，需要自己来定位，不能倚靠别人的定位。很多父母出于对自己的孩子的爱，习惯于为男孩包办自己的一切。如果一个男孩没有自己的人生目的，没有自我实现的欲求，那肯定不可能做出一番事业。再优秀的男孩，创造辉煌的生命也需要自己来雕琢。家长要做的是，帮助男孩认识自己的真实高度，然后鼓励他凭借自己的辛苦努力获得一定的成绩。

## 建议二：战胜困难的乐趣永远大于困难本身

有一个由业余登山爱好者组成的登山队，他们要对世界第一峰——珠穆朗玛峰发起进攻。虽然人类攀登珠峰已经不止一次了，但这是他们第一次攀登世界最高峰。队员们既激动又信心十足，他们有决心征服珠穆朗玛峰。经过考察后，他们选择自己状态很好、天气也很好的一天出发了。攀登一直很顺利，队员们彼此互相照应，没有出现什么问题，高原缺氧的情况也基本能够适应，在预定时间，他们到达了1号营地。大家都很高兴，因为有了一个良好的开始，就等于成功了一半。

第二天，天气突然发生了变化，风很大，还有雪。登山队长征求大家的意见，要不要回去，因为要确保大家的生命安全。生命只有一次，登山却还有机会。但是大家都建议继续攀登，登山本来就是对生命极限的一种挑战。

于是，登山队继续向上攀登。尽管环境很恶劣，但是队员征服自然、征服珠穆朗玛峰的信心十足，大家小心翼翼地向上攀登。"队长，你看！"一个队员大喊，大家循声望去，在离他们很远的地方发生了雪崩。虽然很远，但雪崩的巨大冲击力波及登山队，一名队员突然滑向另一边的山崖，还好，在快落下山崖的那一刻，他的冰锥紧紧地插进了雪层里，他没有滑落下去，但他随时有可能被雪崩的冲击力推下去。

情况十分危险，如果其他队员来营救山崖边的队员，有可能雪崩的冲击力会将别的队员冲下山崖。如果不救，这名队员将在生死边缘徘徊。

队长说："还是我来吧，我有经验，你们帮我。大家把冰锥都死死地插进雪层里，然后用绳子绑住我。""这很危险，队长。"队员们说。

"已经没有犹豫的时间了，快！"队长下了死命令。大家迅速动起手来，队长系着绳子滑向悬崖边，他死命地拉住了抱住冰锥的队员，其他队员使劲把他俩往上拉。就在下一轮雪崩冲击到来之前，队长救出了这名队员。

全队沸腾了，经过了生死的考验，大家变得更坚强了。

最终，登山队征服了珠峰。站在山峰上，他们把队旗插在山峰的那一刻，也把他们的荣誉和勇气留在了世界上最纯净的地方。

失利必然会引起焦虑。失利其实对男孩的打击很大，尤其是一些竭尽了全力的男孩。在巨大反差的刺激下，男孩承受着一定的心理压力，往往会出现应激障碍，出现情绪低落、抑郁、愤怒、悔恨、沮丧、绝望，以及对未来失去信心等现象。失利之后，如果父母不能及时发现并给予理解，男孩的压力会更大。因此，现在父母们面临的最大挑战，就是如何面对男孩的失败而仍然有信心去鼓励和支持他。很多时候，给男孩带来最大打击的往往不是失败本身，而是他对失败的理解。作为家长，帮助男孩正确面对失败很重要。

有些家长喜欢对男孩使用空洞的说教。比如"失败是成功之母"等。这样的语言，一来没让男孩得到真实的体验和帮助，二来男孩也无法理解其中真正包含的意义。正确的做法是和男孩一起分析失败的原因，帮助男孩认识到哪些导致失败的原因是自己可以改变的，哪些是改变不了的。相比之下，明明妈妈的做法就很好。

　　明明刚上小学，上学期刚开学时，他们班开展了"一帮一"活动。明明的任务是帮助一位考分总在 60 分上下的男生。班里只有 10 个人被分配了任务，刚接到这个任务的时候，明明又得意又紧张。他对这个任务很上心，每天一放学，他就留在班里帮那个男孩解答难题，回家后还不忘打电话提醒那个男孩背单词。

　　可是这个学期快结束了，那个男孩的各科成绩还是在 60 分左右。因为这个，老师在班会上当着全班同学的面批评了明明，说他没能帮助同学共同进步。在随后改选班干部时，当了一年多小队长的明明落选了。

　　这件事对明明的打击很大，他哭着对妈妈说不想在这个学校读书了，想转到别的学校去。妈妈对他说："妈妈知道这件事情你受了委屈。"听了这话，刚刚忍住不哭的他眼泪又落了下来。妈妈接着问："告诉妈妈，你尽最大努力了吗？"明明使劲点了点头。"这就可以了，你要知道，世界上很多事并不是你尽力了就一定能成功的。但只要你尽最大努力就可以了。"这以后，明明深深记住了"凡事尽最大努力就好"这句话。

男孩失利之后，为人父母者应有的最好心态是平和，要理解男孩的委屈、苦闷和绝望情绪。应送给男孩的最好礼物是理解，应扮演的最好角色是给男孩当个好参谋。细心观察男孩，及时疏导，防止出现意想不到的情况。在必要的时候，应该去找心理医生咨询，让男孩平稳度过这段"灰色时期"。有的父母说看不出男孩有什么压力，其实那只是表面现象，是他在进行心理防卫，在心理学上叫作"否认作用"和"反向作用"，是在潜意识里运用的自我心理防卫机制。如小男孩闯了大祸自己用双手蒙上眼睛，抹杀现实，以免内心焦虑痛苦，这就是"否认作用"；有的小男孩对妈妈说我没有偷吃水果，以此压抑了自己想偷吃水果的欲望带来的痛苦，这就是"反向作用"。

现实生活中，"常胜将军"是没有的。只要是人就会有失败，有沮丧。孩子也不例外。如果男孩不能以正确的态度对待失败，会在他的人生道路上形成不小的阻碍。因此，父母应尽早训练男孩正确对待失败。

# 细节 33　对待男孩需要"狠"一点

在我们现在的家庭中，一般情况下男孩和母亲在一起的时间大大多于和父亲相处的时间，母亲在男孩的早期家庭教育中扮演着很重要的角色。可是有的母亲爱子心切，常常过度地溺爱自己的孩子，往往是男孩主宰着家长的一切。

儿童教育学家和幼教工作者普遍认为：对孩子应当宽严相济。该严的时候严，父母才能在孩子面前树立起应有的威信；该宽的时候宽，孩子才能够不被束缚，收到良好的教育效果。父母应该怎样对男孩进行家庭教育呢？

## 1. 对男孩宽而有度

对于男孩无理的要求，父母要果断拒绝。比如孩子看到其他小朋友的汽车模型很漂亮，非要让父母也给他买一个；吃饭的时候看到自己喜欢吃的东西就拿到自己面前，不给其他人吃；吵着闹着非要在吃饭的时候吃冰激凌。家长只要答应了孩子无理的要求，就必然失去了自己的威信。

## 2. 对男孩严而有度

在父母管教过严的家庭环境下长大的孩子，往往性格懦弱、没有主见、遇事慌张。家长过度限制孩子的自由，处处指责，也会影响他们自身各方面能力的提高，限制孩子的发展。

### 3. 对男孩的严加管教要讲究方法

当孩子做错事情的时候，比如逃学、不交作业、打骂同学，父母千万不要一味地打骂孩子，粗鲁的管教方式往往只能收到适得其反的效果。

### 4. 男孩的人格独立平等

在良好的家庭环境中，家长和孩子的人格应保持平等，父母不应该因孩子年纪小而漠视他在家中的地位。平等是营造良好的家庭氛围的前提。父母、子女任何一方的优越感都会对其他家庭成员造成心理压力，使双方产生心理隔阂。

### 建议一：怎样使胆怯的小男孩重放光芒

我们在教育男孩时有一种坏习惯，为了使男孩做好事就往他们的头脑里灌输各种惩罚、地狱之火等故事。比如男孩闹，家长就吓唬：狼来了，老虎来了，或鬼来了，胆小的男孩立即就被镇住。

这种方法是非常错误的，因为恐惧是人的天性，即使不吓唬，男孩也怕黑暗等，因此不应当用可怕的故事吓唬男孩，应当使他们知道世上没有什么可怕的东西。男孩信任父母，父母说的话他们都信以为真。用恶魔和幽灵等吓唬男孩是非常有害的。由于这种错误的教育方法，使很多男孩从小在心理上产生阴影，终生怯懦、胆小怕事。

法国著名文学家蒙田所说："谁害怕受苦，谁就已经因为害怕而在受苦了。"懦弱是人性中勇敢品质的"腐蚀剂"，时时威胁着男孩的心灵。有一对中国父子，在澳洲的一所小学就曾经历过这样的事情，让我们一起来读读这位中国父亲的描述，兴许有值得借鉴的地方：

　　儿子放学回家，拿出一张画给我看。他说："爸爸，你看，这个人像不像我？"天哪，吓我一跳，这哪是人，分明是鬼，说得彻底一点，这是一堆白骨。"你为什么画这个？""老师让画的。"我不信，我相信中国所有做父母的都不会相信。男孩的坚持诱发我要去学校看个明白。

　　第二天一大早，我赶到了学校。踏进我儿子上课的教室，这是什么呀！墙上四壁挂满了白骨图，数了一下有19幅，班上共有18个学生，加上老师19人。"爸爸，你看这张是我。"儿子指着墙角的几乎与他个头差不多的一张画对我说。画上还注着儿子的英文名。这19张画仔细看像是医学院教学用的尸体解剖图。为什么要男孩欣赏这些呢？老师进来了，已有白发的老师告诉我说，这是她上"勇敢课"的教具。她解释说，澳洲的小学很重视基本行为训练，这种训练建立在主动出击上，像攻势足球一般，不仅仅满足于灌输或让男孩背诵"要不要"，而是让他们从小去体会、去实践。

心理专家称，胆怯心理大多数是后天形成的。家长们要警惕了：造成男孩胆小的源头在家庭、在父母、在他们不恰当的教育。造成男孩胆怯的原因主要有：

## 1. 经常恐吓

有的父母为了让男孩听话，老是用吓唬男孩的办法。男孩哭了，妈妈会说："你再哭，把你关在黑屋子里。"男孩不听话，有的爸爸说："你再不听话，让老虎把你吃掉。"还有的父母用"让警察抓你"、"让医生给你打针"之类的话来吓唬男孩。渐渐地，男孩怕黑暗、怕动物、怕警察、怕医生，变成非常胆小的人。

## 2. 无意中制造可怕的气氛

曾经有一位家长，在男孩调皮的时候，索性关掉电灯，发出各种怪叫声，造成一种阴森可怕的气氛。没想到男孩竟被吓蒙了，从那以后男孩便变得沉默寡语，神经高度敏感，稍有一些异响就吓得面色煞白。还有的家长常用老虎、狮子等凶猛的怪兽或雷公、魔鬼、妖怪等迷信物来渲染一种不健康的气氛。这种做法往往产生了很大的副作用，给男孩带来长时间的心理创伤。

## 3. 过分娇惯

家长们的娇惯，剥夺了男孩锻炼的机会，弱化了男孩的能力。男孩在家中地位高了，胆子却小了。所以，正确的做法是允许男孩去历练，在反复的实践中培养自己的胆量。

## 4. 限制交往

有些家长只希望男孩学习好，其他的人际交往都不让男孩参加。家里来了客人，男孩刚跑过来，家长马上训斥："去去去！小男孩不要多事，做功课去。"如果男孩有其他活动要和伙伴们外出，家长就横加干涉："有什么好玩的，待在家里看书。"在限制交往中成长起来的男孩，在与陌生人交际时，就会显得畏畏缩缩，连一句话都说不出来。

### 5. 弱者心态的灌输

有些家长的社会地位不是很高，经济收入也不丰足，平时说话时有意无意地会感叹"咱们没钱没势的人家，没什么本事，就不要出头露面……吃点亏就吃点亏"之类的话。过分地渲染自卑情绪会让男孩觉得自己低人一等。自卑是懦弱的孪生兄弟，过于自卑的男孩必然懦弱而勇敢不起来。

### 6. 失败后的嘲笑

如果男孩说话不流利，口齿不清，人们嘲笑他，下次讲话，他就会胆小紧张。如果男孩考试成绩不好，父母冷嘲热讽，男孩就会怕考试，怕竞争，丧失勇气。

在很多父母的潜意识里，男孩是自己的骨肉，把男孩养育大，就可以把男孩当成自己的"私有财产"，因此父母当然有权力处置。至少，不少父母都不自觉地把男孩看作"我的男孩"，认为男孩是属于自己的，没有意识到男孩其实是一个独立的人。而社会也大多认同和支持这种观念。

生活中，我们还常常看见有的父母将男孩的过失或成绩，都一股脑儿地和自己混为一谈——男孩取得成绩时则说"你给爸爸长脸了"；男孩在外表现不佳时又说"你可把我的脸给丢尽了"。

有些家长非常严厉，对男孩的要求过于苛刻，稍有差错或稍有不顺眼的地方，动辄大声训斥，严厉批评，不允许男孩有半点自由，一举一动都要经过家长的许可。久而久之，男孩就会变得胆小怕事，唯唯诺诺。对于懦弱者来说，一切都是不可能的。正如采珠人如果被鳄鱼吓住，怎能得到名贵的珍珠？事实上，总是担惊受怕的人，他不会是一个自由的人，他总是被各种各样的恐惧、忧虑包围着，看不到前面的路，更看不到前方的风景。

建议二：有出息的男孩宠辱不惊

决定一时抛弃功利性去教育男孩，可能并不难；但是要自始至终地秉承关照男孩心灵的教育思想，对很多家长来说并非易事。因为非功利的教育首先关注的是男孩本身的成长节奏和需求，可能不会让男孩在短期之内有学识上的进步。而社会会给家长诸多压力：特长生潮流、高分名校情结、就业竞争激烈等等，在讲求效率和速度的现实面前，家长未必能够稳住阵脚。

我们相信心胸的大小决定一个人事业的大小。在决定男孩心胸和视野的宽度和深度的少年时期，对男孩来说最大的收获关键不在于有多少荣誉证书，而是学会今后做学问、做事情的道理和方式。因而早期教育就需要家长接受一个事实：非功利教育的成果不会立竿见影，但是它是成功的基础。

据统计，1500～1960 年间，全世界 1249 名杰出科学家和 1928 项重大科研成果的创始者在年龄上有一个阶段划分：科学创造的最佳年龄区是在 25～45 岁，最佳峰值年龄在 37 岁前后。更为精准的数据是，在诺贝尔奖的大部分获得者中，物理学家的平均年龄为 35 岁，化学家的平均年龄为 39 岁。

当然，科学家只是社会精英中的一类，他们也是最能代表智商的一类人。普通人对科学家总有一种崇拜的情感，因为他们是人类的思维精英，可以办到我们办不到的事情。上面的统计显示，

不打不骂，穷养男孩的一〇〇个细节

Bu Da Bu Ma,Qiong Yang Nan Hai De 100 Ge Xi Jie

二七六

科学家往往在青壮年才能够有所成就，还有更为典型的"大器晚成"的例子。

> 1859年11月24日，达尔文在伦敦出版《物种起源》时，年已50。他最早的科学著作，也是在45岁以后才开始出版的。易卜生的《玩偶之家》，在他51岁享誉世界。更为晚成的例子是美国遗传学家摩尔根，他的基因学说是在49～60岁完成的，67岁才获得诺贝尔奖。

这样的事实让我们看到，人生在青少年时期可能没有什么重大的收获，命运的转机很可能在你已经成年、感到没有希望的时候到来。但是机遇只眷顾有准备的人，达尔文22岁就离家登上"贝格尔号"去环球科考，易卜生21岁开始自费发表戏剧作品，摩尔根20岁时以最优异的成绩获得了动物学学士学位，24岁就获得了博士学位。他们从来没有放弃早年的努力，才会有后来的成功。

但是还是有很多人相信一个早年毫无建树的人，可能会在中年之后突然发迹，因而孩子的早期教育也并不是非其不可，如果孩子有"造化"，富贵荣华也会找上他的。这其实是一种推脱家长教育责任的思想，有哪位真正成功的人不是从一点一滴开始准备的呢？

> 司马迁的《史记》，宋应星的《天工开物》历时18年；司马光的《资治通鉴》19年；达尔文的《物种起源》22年；法布尔的《昆虫记》、李时珍的《本草纲目》30年；谈迁的《国榷》37年；马克思的《资本论》、摩尔根的《古代社会》40年；歌德的《浮士德》前后有60年……

　　这些著作问世的时候作者已经走进暮年，但是他们都是从很早就开始积累创作，经历了漫长的酝酿过程，到晚年才最终完成，绝非突然被幸运眷顾而成名。如果仅仅看到别人取得的成绩，而割断他们努力的过程，相信出人意料的奇遇，那他的一生也将在等待中度过。同样，如果放弃孩子接受教育的黄金时段，而盼望他日后自己成才的父母，也往往不能如愿。

　　成功不能一蹴而就，成才如是，教育亦如是。

# 细节 34　挫折将男孩变得更强大

　　有些男孩从小到大走的每一步路都被爸爸妈妈小心翼翼地铺平，没有经历过挫折，不知道何为失败。这就好比身娇体贵的建康县官王复，从未曾骑过马，一日忽见马嘶鸣跳跃，立刻大惊失色对旁人道："这分明是老虎，你们怎么能亏心说它是马呢?"

　　于是，我们可以理解，为什么当男孩离开父母羽翼的庇护后，一旦遇到一点挫折就会以为发生了了不得的大事。

　　　2007 年 10 月 31 日，清华大学年仅 26 岁的研究生洪乾坤跳楼自杀，当场死亡。他在遗书中说，因找不到理想的工作，不愿意成为父母的拖累，所以选择自杀结束生命。

　　　某大学学生在一次学院联欢晚会上因唱歌走调，引起观众的哄笑，一时想不开，竟于当晚自杀身亡……

　　男孩原本应该是刚强的，而如今却被这些不起眼的小挫折所摧垮。一个个不胜压力的男孩自杀的报道充斥报端，而他们自杀的首要原因就是在生活、学习中遭遇挫折、打击，比如无法适应独立生活、受到师长的批评、某个要求未被满足、就业不顺利、工作压力大和失恋等。

　　这些恶果的根源，就在于父母早期给予了他们过分的保护。

挫折是任何人都无法逃避的，一个人从事有目的的活动时，总会遇到障碍和干扰。现在的男孩们吃得好、穿得好、玩得好，从这个角度来说，他们是幸运的。可是他们抵抗挫折的能力较低，往往在学习和生活中经不起挫折，一旦遭到挫折和不幸，极易悲观失望、自暴自弃，有的甚至走上轻生的道路。从这方面来讲，当今社会的男孩又是不幸的。

男孩挫折心态产生的原因是多方面的，主要来自学校、家庭、社会和自身：

### 1. 学校方面

男孩由于生理、心理发展较女孩慢，因此，中小学阶段的男孩考试成绩都不理想，老师对男孩的言行也不像对女孩那样慎重，这些都能使男孩心理受挫，出现挫折心态，产生恐惧感和焦虑感，进而怀疑自己的智力、能力，导致悲观、失望。性格外向的男孩会变得少言寡语、不苟言笑，性格内向的男孩会变得心灰意冷。

### 2. 家庭方面

有些男孩因家里突然发生意外情况，如亲人伤亡、父母离异、天灾人祸等，或因父母"望子成龙"心切，甚至经常受到责备打骂，在家里得不到温暖，从而产生挫折心态。他们往往会表现出非理性的行为或消极的处世心理，性格上也会出现种种不良影响，如狭隘、抑郁、怯懦、孤僻、离群、对立、仇视等。经受这些挫折的男孩往往为了求得心理上的平衡，或放弃追求目标逃避现实，或离家出走，或迁怒于他人。

### 3. 社会方面

社会对男孩的影响是潜移默化的，有的孩子看到社会上出现的不良现象，如种种腐败现象，心理上失去了平衡，想到自己的基础差，学习又吃力，不如早点回家做个体生意或外出打工，这样便产生了挫折心态。

### 4. 自身方面

有的男孩由于自己生理上的疾病及缺陷导致挫折心态，或由于自我设计的"理想"总不能实现而导致信念动摇，产生了挫折感。有这种心态的男孩，轻则对周围采取无所谓的态度，我行我素；重则逃避现实或玩世不恭、自暴自弃。

挫折与失败，其实是社会生活中的正常现象，几乎每个人都无法逃避。如果男孩想成就自己的人生，就更不能逃避挫折。正如中国古代大思想家孟子所言："天将降大任于斯人也，必先苦其心志，劳其筋骨，饿其体肤，空乏其身。"也就是说，以吃苦为代价才能换取"降大任"的报偿。挫折，是成功的必经之路。家长要有意识地锻炼男孩承受挫折的能力，给他更多体验失败的机会，唯有如此，男孩在将来的人生道路上遇到更大的艰难险阻时才能从容面对。

## 建议一：告诉男孩坦然面对竞争

细心的家长都会发现："奥特曼"是男孩们心目中的英雄，他为了世界和平同怪兽作战，拯救了人类一次又一次。男孩们喜欢奥特曼更是到了入迷的地步。他们会让家长给他们买奥特曼的图书、奥特曼的 VCD、奥特曼的模型；他们还常常模仿奥特曼的语言和动作；有时，他们还会发扬"奥特曼"精神，和马路旁欺负小花狗的大狗作斗争……

从男孩们对奥特曼的崇拜，我们可以看出，男孩的英雄主义情结。每个男孩的内心都想成为英雄或身披闪亮盔甲的武士。因此，我们发现，打群架的永远是男孩，为朋友两肋插刀的也大多是男孩，他们做事莽撞，喜欢什么事情都一马当先。这是男孩一种本能的反应。正像大部分男性都是足球迷一样，在他们眼中，那不是绿茵场，而是一次战争、一次搏杀，他喜欢研究战略战术，欣赏球技而不是球星，天性中好斗的成分决定了男人是天生的球迷。

从发展心理学的角度看，儿童的"战争"观念和成人的"战争"观念不同，前者是一种游戏行为，而不是成年人心目中的道德行为。美国心理学家丹尼鲁·庞斯认为：儿童之间的"战争"游戏应该说是正常的，有助于儿童建立社会正义感。

可是，他们还处于人生观的形成阶段，容易把英雄主义和暴力主义相混淆，这时候就需要我们家长的帮助了。

我们家长应该怎样帮助男孩区分暴力主义和英雄主义呢？

方法一：满足男孩当英雄的心理；

方法二：让男孩知道什么是真正的英雄；

方法三：利用孩子心目中的英雄改正孩子的缺点。

具体来说，我们应该这么做：

第一，让男孩知道，英雄主义不是暴力主义。要让他明白这个道理，爸爸自己本身首先要做到从不使用暴力，不要向孩子灌输什么"以暴制暴"的观念。生活中，常有一些家长告诫孩子：在外面受人欺负时，一定要懂得还击，使劲打，往狠里打，打坏了，流血了，有大人呢！只要在外面不受欺负就行。这样的训诫古往今来，屡见不鲜。然而，这样一来，暴力思想就从小在孩子的心中扎根了。

第二，要让孩子认识到暴力不是勇敢，你要告诉孩子爸爸不用暴力手段反击某人并不是因为怯懦，而是因为暴力并不能真正解决问题，并让孩子预见使用暴力可能造成的严重后果。你可以让孩子想象，今天你因为被小朋友打了一下，明天就一定要爸爸去帮你打还他，那么后天呢？

第三，你应该告诉孩子一些正确的解决问题的途径。男孩子一般很不喜欢使用"告诉老师"这类有点女性化的方式，那么你可以教孩子一些"男人之间的方式"，比如用眼神来瞪住对方，或者用正义的言语来说服对方等等，要让孩子信服只有采用文明的手段才能让矛盾真正得到完美的解决。

我们很难给领导能力下定义，灵活的头脑，果断的思维，英明的远见，宏伟的抱负等等都是其良好的素质。领导能力，不只是现任的领导者才应具备的能力，也是每个将来需要进入社会工作的人都应当具备的能力。因为现代社会生活有越来越多的群体活动和团队项目。在这个过程中，每个人都可以学习并检验自己领会新事物、驾驭人际关系的能力。掌握一些领导技巧可以为走入社会做好准备，为事业的成功赢得时机。

有一个著名的古代寓言：春秋时，一位晋国人想到南方的楚国去，他的马够快，车够结实，带的粮食也够多。可惜，他的方向错了，南辕北辙，结果愈行愈远。

拿破仑说："不想当将军的士兵不是好士兵。"

没有天生的领导者，只有后天造就出来的领导者。从进入人类社会以来，具备领导能力的人就一直受益匪浅。父母如果在男孩小的时候就开始有意识地培养其领导才能，并且让他主动地在平常生活中表现出来，那么会大大增加孩子将来成功的可能。

因此，作为现代的父母要培养男孩具有领导的品质。我们给父母的建议是：

## 1. 培养男孩正确评价自我的特性

曾子曰："吾日三省吾身。"贤人尚且如此，杰出的领导也是在不断地自我剖析、不断地自我否认、不断地自我肯定中成长起来的。因此家长应该引导男孩在日常生活中正确地认知、正确地认识自己，塑造健康良好的自我形象，接受自我，肯定自我，找出不足，更快地进步。

## 2. 培养男孩灵活的应变处事能力

"君子修德求仁，有道有节"，要求人们要遵守一些道德规律，但是这并不是说只会迂腐地死心塌地遵守各种有关的仁德教条，而是要对于虚伪假冒勇于质疑，要懂得因时因势而变，灵活地实现某种理想和目标。家长教育孩子的时候要懂得让孩子从实际出发，把学到的经验运用到生活中，灵活地处理应急事件。

## 3. 培养男孩积极向他人学习的品质

子曰："见贤思齐焉，见不贤而内自省也。"在生活中，有一些人对比自己能力强的人所持的心态是妒忌，而对比自己水平差的人加以鄙视和嘲笑。而那些具有领导才能的人总是会向比自己强的人虚心学习，使自己尽快达到对方的水平；见了有毛病的人，则会对照对方来反观自己，看看自己是不是也有这方面不良的现象，有则改之，无则加勉，这才是能够切实提高自己修养的有效途径。

## 建议二：传统挫折教育中的错误

现在的男孩都是在宠爱中长大的，他们的依赖性强，独立性差。这些"蜜罐里"长大的孩子在享受优越生活的同时，也注定了他们的心理素质脆弱得不堪一击。

不少男孩的家长只是关注男孩的学习成绩，关心他们的生活是否舒适，却唯独忽略了他们的吃苦耐劳和挑战精神，而这些恰恰是他们成长一生所必需的。在日常生活当中，如何对男孩进行挫折教育呢？可以从以下几个方面着手：

首先，要引导男孩不要害怕挫折，遇到挫折要及时反抗。

> 小男孩胡山山长得比其他小朋友高大，但常常被幼儿园里一个小个子的男生欺负，男孩总是咬他的脸。胡山山就不懂得反抗，只会暗暗地哭，也不敢告诉老师谁咬了他。老师见到这样的情况，就告诉他说：不要怕，要反抗啊，下次他要是再咬你，你就把他推开。在老师的引导下，胡山山就不再惧怕男孩了，懂得了反抗欺负他的男孩。

家长和老师不可能时时跟着男孩，要让男孩用最正确的态度来对待遇到的挫折，让男孩知道挫折并不可怕，引导他们在克服困难的过程中去感受挫折，认识挫折。

其次，帮助男孩创造困难情景，提高男孩的耐挫折能力。

有些家长有心让男孩经历挫折，却收不到良好的效果，原因有二：

第一，家长没有设身处地地为孩子着想，而是把自己的想法强加给男孩。

例如，培训班的高尔夫、网球等课程非常热门，于是家长们就一窝蜂地让孩子报这两门课，其实孩子并不喜欢。每次上课之前家长为男孩准备好一切"装备"兴致勃勃地送他到培训班去，却没有注意到男孩一脸闷闷不乐的样子。

家长希望男孩通过体育运动增强体力与意志力，出发点是好的，但是不能因此就把自己的想法强加到男孩头上。应该让男孩选择去做他喜欢做的事情，因为有心底的热爱，在从事这项运动受到某种挫折时，孩子才会从真正激发起潜在的抗挫折能力。

第二，家长没能及时帮助孩子总结失败原因，使孩子虽然失败却无所得。

学校组织演讲比赛，二十位学生参加比赛，有三位学生分享前三名，另有七名是优秀奖。

子建本来信心满满，结果连优秀奖都没拿到，一直阴沉着脸站在台下。来观摩比赛的爸爸看到这种情况，走到儿子身边对他说："输就输了，不过一次演讲比赛，没什么大不了的。"

挫折教育的意义在于，经由失败总结经验，避免下一次在同样的问题上跌跟头。如果仅仅给予孩子以安慰，不告诉他问题出在哪里、如何防止错误再次发生，那么，下次遇到同样的问题时，他依旧会遭受失败。这样的挫折教育，是没有积极意义的，反而会给男孩心理蒙上阴影。

# 细节 35　让男孩学会自我修复，
## 更好地适应社会

一个研究《塔木德》的犹太学者，刚刚结束他的学习生涯，到艾黎扎拉比那里，请求给他写封推荐信。

"我的孩子，"拉比对他说，"你必须面对严酷的现实。如果你想写作充满知识的书，你就必须像小贩那样，带着坛坛罐罐，挨门挨户地兜售，忍饥挨饿直到 40 岁。"

"那我到 40 岁以后会怎么样？"年轻的学者满怀希望地问。

艾黎扎拉比笑了："到了 40 岁以后，你就会很习惯这一切了。"

这一则小故事流传于犹太人之间，他们用这样的故事教育后代苦难是不可避免的。苦难教育对一个人的一生影响深远，很多人总是逃避苦难，不愿意去品尝，但要知道，只有经历苦难，才能从苦难中汲取动力和能量，只有真正懂得苦难的含义，才能品出苦难赋予他的甜。

对于苦难，任何人都会有一种不由自主想要逃避的心理。殊不知，经历了苦难之后的生活才能更甜。所以，教给孩子品尝苦难的本领，他才能够明白究竟什么才是真正的甜。

父母要让男孩自小接受艰难困苦的磨炼，教会他们敢于面对挫折，不怕失败，以培养他们坚忍不拔的意志和毅力。经过在逆境中千锤百炼成长起来的孩子才能更具生存竞争力，这也是父母应为孩子尽到的义务和责任。

让孩子的心理经得起挫败，关键就是要他能"缩小"自己，不要有唯我独尊的意识，在看问题的时候能够从别人的角度来看，那么他就不会轻易被一件小事情打败了。

然而，现在的很多家庭，家长舍不得孩子吃苦。他们动辄"宝贝宝贝"地叫着，恨不得为孩子做一切。在这样的教育下，孩子好吃懒做、娇气任性，还缺乏责任心、感恩心。站在孩子的角度想一想：很多事情没有经历，不知道生活还有不如意的一面；很多东西从来都是像天上掉下来的一样容易，不需要费一点心力。这个时候，他怎么有机会、有能力去承担生活给他的各种考验呢？

现在的孩子，尤其是那些家境优越的孩子，他们从来没有认真努力过，总认为一切都不用愁，自有父母安排。这样的孩子就是缺乏了危机的意识，相信当真正的困难来临的时候，他们会被彻底打败。在任何情况之下都保持着高度的警惕，才能更好地掌握自己的命运。

有这样一个实验：科学家把一只青蛙放在滚热的油锅旁边，在快到油面的时候，那只青蛙竟然跳离了油锅；可是，当把这只青蛙放进盛满凉水的锅里，下面再放火煮，水越来越热，青蛙却感受不到水温的变化，最后被煮死了。

给男孩进行苦难教育，男孩才能真正强大。如何培养男孩的危机意识呢？可以有以下几种方法：

第一，家长不用担心给孩子的物质条件不够或者觉得自己孩子穿的吃的比不上别的孩子，应当明确告诉孩子：家里条件没他想象得好，父母挣钱不容易。如果希望得到更好的东西，那么要通过自己的努力来实现。

第二，在培养孩子危机意识的过程中，不应该一味地批评和限制，当孩子有一些进步时，比如懂得节俭了，父母也应当不失时机地加以表彰和鼓励。

第三，要使孩子的危机意识成为一种思考习惯。在孩子小时候，就告诉他：不努力马上就会有危机，你立刻就会得不到你想要的好东西。先让他在脑子里形成这种条件反射和好的习惯。当他慢慢长大时，再不断地向他灌输奋斗、进取的意义。

有成就感的男孩往往能够在将来更好地实现自己的人生目标。父母都希望自己的男孩在将来能够出人头地，那么如何培养男孩的成就感呢？可以从下面的几个方面开始：

### 1. 建立起良好的亲子关系

良好的亲子关系是提升孩子成就动机的大前提。孩子敬重和认同父母，这样能够充分发挥家长的影响力，家长正确价值观的建立对孩子的成就欲也有着间接的鼓励。

### 2. 丰富孩子健全的情绪体验

脑生理学家指出：支配创造欲望的区域与支配情感的区域，同在大脑"新皮质"的额叶。这正是与动物本质不同之所在。人有两片额叶，动物没有。只有人才会产生动物远不能比拟的复杂欲望和感情。因此，要发展孩子的成就欲，必须丰富孩子的情绪体验，使他们成为情感丰富、健全的人。

### 3. 要尊重孩子的独立性

孩子在独立做事情的时候会体验到各种情感，这种体验会反过来激发他们做事情的欲望和兴趣。在他们的努力下，事情成功时，心情与在别人帮助或强迫下成功是大不一样的，巨大的喜悦会激起争取取得更大成功的欲望，相反，失败了也会使他们产生出不屈不挠的精神。

### 4. 要创造条件让孩子尽早取得成功

成功欲是在一次次取得成功的基础上发展起来的。因此，无论孩子学什么、做什么，都要为之创造条件，耐心引导。切忌冷嘲热讽，伤害孩子。

### 5. 适时地给予正面回馈

适时的鼓励和支持能成为激发孩子成功的动力。回馈可以用具体明确的言语表达，也可选择孩子感兴趣的方式。

### 6. 鼓励孩子涉足新的领域，敢于尝试没有做过的事情

家长习惯于责怪孩子的冒险行为："太危险了！""那可不能去！"禁令和责备对孩子十分有害。兴趣的萌芽、新奇的体验受到摧残。额叶因得不到足够的刺激而发展不起来，孩子会变成一个缺乏欲望的人。

## 7. 要帮助孩子不断总结经验教训

事后家长可以帮助孩子想想哪些地方存在不足，如果重新做时应怎样改进会做得更好，使孩子的聪明才智和成就欲得到更好的发挥。

## 建议一：让男孩学会妥协

妥协，并不是软弱无能。它展示的恰恰是一份平和的心态，一种超越自我的境界。中国太极拳讲求四两拨千斤的招数，做人也同样如此。一味逞强有时候会为自己平添负累，而在适当的时候选择妥协、认输、放弃的则是一种处世的大智慧。

瑞典人克洛普以登山为生。1996 年春，他骑自行车从瑞典出发，历经了千辛万苦，来到了喜马拉雅山脚下，与其他 12 名登山者一起登珠峰。但在距离峰顶仅剩下 300 米时，他毅然决定放弃此次登峰，返身下山，那意味着前功尽弃，功败垂成啊。而他做出这个决定的原因在于，他预定返回时间是下午 2 点，虽然他仅需 45 分钟就能登顶，但那样他会超过安全返回的时限，无法在夜幕降临前下山。同行的另外 12 名登山者却无法认同他的明智决定，毅然向上攀登。虽然他们大多数到达了顶峰，但最终错过了安全时间，葬身于暴风雪中，让人扼腕叹息。而克洛普经过对恶劣环境的适应，在第二次征服中轻松地登上了峰顶。

如果克洛普也一味地追求执著，不顾一切地去实现目标，那么将与其他同行者遭遇一样的结局。但是他智慧之处就在于他懂得妥协，善于审时度势，在遇到问题的时候能够从全局的角度思考，因而可以看清未来的趋势，以小忍换大谋，最终他攀上了成功之巅。

我们在冬季常常能看到这样的景象：大雪纷飞，雪花落满了雪松的枝丫，当积雪达到一定程度时，雪松那富有弹性的枝丫就会往下慢慢弯曲，直到积雪从枝丫上一点一点地滑落，这样反复地积，反复地弯，反复地落，风雪过后，雪松完好无损，而其他的树由于没有这个本领，枝丫早被积雪压断了，摧毁了。

一堆石子压在草地上，小草压在了下面，小草为了呼吸清新空气，享受温暖的阳光，改弯了直长方向，沿着石间的缝隙，弯弯曲曲地探出了头，冲出了乱石的阻隔。

在重压面前，松树和小草选择了弯曲，选择了变通，选择了妥协，而正是这种选择，使它们生机盎然。

海滩上有两种不同性格的蓝甲蟹：一种是比较凶猛的，从不知躲避危险，与谁都敢开战；一种是温和的，不善于抵抗，遇到敌人，便翻过身子，四脚朝天，任你怎么搞它、踩它，它都不跑不动，一味装死。千百年后，人们发现，强悍凶猛的蓝甲蟹成了濒危动物，而性情温和的蓝甲蟹反而繁衍昌盛，遍布世界的许多海滩。

动物学家通过研究发现，强悍的蓝甲蟹一是因为好斗，在相互残杀中死了一半；其次，因为其强悍而不知躲避，被天敌吃掉了一半。而会装死的蓝甲蟹，因为善于保护自己，显示出旺盛的生命力。

我们常用毫不妥协来形容勇敢，但时时处处不妥协的蓝甲蟹却渐渐被自然界淘汰出局。总有些人以为妥协是软弱的代名词，但实际上，妥协是一种理智的忍让。我们常说，退一步海阔天空，也正是这个道理。退，是为了更有力的前进；妥协，也是为了愈见刚强。

古代文学家李康曾经说过："木秀于林，风必摧之；堆出于岸，流必湍之；行高于人，众必非之。"生活中若太过锋芒毕露，个性太强，往往会处处受制；若学会从容低调，示弱在先，往往能够趋利避害，在更为宽阔的天地里，一步一步向心中的目标靠近。

在大多数人传统的观念里，男孩天生就得勇猛强悍，所以很多男孩的父母从孩子很小的时候就格外注意锻炼他坚强刚硬的个性。然而太过刚强的男孩，当他们长大成人以后，往往会遭遇更多的压力，承受更多的辛苦。男孩在外，要为生活打拼，当成家以后，还要为家庭和孩子作出必要的牺牲。倘若肩负太多的压力而又偏偏硬撑死扛的话，就会如那些被落雪积压又不懂弯曲的树干一样，终被摧毁。

学会妥协，才能获得感受幸福的机会。一个太过刚硬、雷厉风行的男孩，他惯于掩藏内心的敏感，对外呈现出一副无坚不摧的姿态，久而久之，先天敏感的知觉便很容易退化。每个人的时间都是有限的，当你在充分表现自己强大的同时，就会失去那些静心享受生活的时间和心志。只有懂得"妥协"的男孩，才能有心情欣赏沿途的风景。所以作为男孩的父母，要教会自己的儿子以平和的姿态，珍惜和品味生活中的一点一滴。

## 建议二：告诉男孩承认错误也是一种勇气

家长在面对男孩的错误时，应该给他们一个"犯错——认识——改正"的机会，以宽大和包容来对待男孩的错误。当然，对于重大的错误，一定要让男孩认识到错误的严重性，并加以改正。重要的是，在纠正和惩罚这些错误的时候，不能羞辱、嘲弄、打骂男孩，这也是为人父母需要提高的素质。因为，对于男孩来说，能够勇敢地承认自己的错误，已经足以值得家长夸赞了。如果一个男孩为了逃避父母的批评而对自己的错误总是加以隐瞒，那不是违背了我们教育孩子的初衷了吗？

列宁从小活泼好动，所以常常把家里的东西弄坏。他8岁的时候，母亲带他到姑妈阿尼亚家中做客。活泼好动的小列宁一不小心，把姑妈的一只花瓶打破了，只是当时没有人看见。

很快姑妈发现了碎花瓶，便问男孩们："谁把花瓶打破了？"男孩们都说："不是我。"

小列宁因为在姑妈家做客，怕说出实话会遭到姑妈的责备，所以他也跟着大家大声回答："不——是——我！"

可是，他的表情没逃过母亲的眼睛，母亲断定花瓶是小列宁打碎的。列宁的妈妈在想：这不是一件小事，该怎样对待小列宁撒谎这件事呢？当然，直接揭穿这件事，并且严厉地处罚他是最省事的办法。但是列宁的妈妈没有这么做。她要想办法教育列宁犯错误后要勇于承认错误，做一个诚实的好男孩。

这天晚上，妈妈又像往常一样，一边抚摸着小列宁的头，一边给他讲故事。不料小列宁突然哽噎地大哭起来，伤心地告诉妈妈："我撒了谎，并且欺骗了阿尼亚姑妈，姑妈家的花瓶是我打碎的，但是我没有承认是我干的。"听着儿子羞愧难受的述说，妈妈耐心地劝慰他，说："好男孩，你是好样的，这没什么，勇于悔过就是好男孩。赶快给阿尼亚姑妈写封信，向她承认错误，姑妈一定会原谅你的。"

于是，在妈妈的帮助下，小列宁给姑妈写了一封信，向姑妈承认了自己的错误，表示花瓶是自己打破的，并恳请姑妈原谅。

没过几天，小列宁收到了阿尼亚姑妈的回信。在信中，姑妈不但表示原谅小列宁，还称赞小列宁是个诚实懂事的好男孩。

小列宁得到姑妈的原谅后，自然十分高兴，又像以前一样活泼开朗了。他还悄悄地对妈妈说："做诚实的人真好，心里踏实，也不用有思想负担。"

现实中，由于各种原因有时男孩会犯错。作为家长，你是如何对待男孩的错误的，是大声斥责、严厉批评，还是心平气和地引导男孩知错的心理觉醒呢？

许多时候，男孩犯错的最初原因可能在家长身上，也可能是无意中模仿大人的不实之词；或出于自我保护的本能；或为了迎合家长的过高期望，满足某种虚荣心。男孩犯错，作为家长要正确理解并加以引导，根据不同情况客观分析，对他进行正确的教育，即使男孩犯错，只要说了真话，就应肯定他的表现，并引导他不断完善自己。

我们以男孩说谎为例。教育说谎话的男孩，一定要注意批评的技巧，切不可一味地批评、打骂男孩。

当发现男孩说谎时，父母要弄清楚男孩说谎话的原因。一般情况下，男孩说谎是模仿成人行为的结果。此外，还有可能是为了逃避责任、免遭打骂和惩罚。男孩有时是在环境的压迫下才说谎的，而且只有发现说谎可以逃避责任、免遭打骂和惩罚时，才真正有意识说起谎来。

有时候对于男孩的无意说谎，家长不必过于追究，因为随着男孩认识能力的提高，这种现象会慢慢消失。而对于有意说谎的男孩，则要严肃对待。有意说谎通常带有明显的欺骗目的。当他们知道一旦讲出事实真相将要受到惩罚时，就可能用谎言来掩盖事实；或者，当男孩意识到不隐瞒事实将得不到社会承认或家长表扬时，也可能采用说谎的手法。不管怎样，凡是敢于承认错误的男孩都是值得嘉奖的。

针对这一点，家长可以对男孩说："说谎的人会失去别人的信任。"以此来增强男孩的自律意识，使男孩自觉地改变说谎的坏习惯。

父母如果从不向男孩承认自己的缺点、过失，男孩就会认为"父母说的永远正确，但实际上老是出错"，久而久之，家长在他们的心中威信降低，他们对父母正确的教诲也会置之脑后。父母如果在做错事后总能郑重地向男孩认错、道歉，孩子就会懂得承认错误并不是一件可耻的事，不仅可以提高分辨是非的能力，而且还尝到了原谅别人的甜味。

不少父母认为自己是"一家之主"，需要保持自己的"形象"与"威信"，因此不愿意在孩子面前承认自己的缺点和错误。比如：有些父母明明知道自己做错了事，冤枉了孩子，或误导了孩子，还给自己护短，不当回事儿。这就违背了做人的基本原则，也是家庭教育之大忌。次数多了，父母就会在孩子心目中失去威信，更不用说教育了。

比如当孩子"闯祸"后一些父母由于一时冲动，往往会对孩子进行不恰当的、过重的批评或惩罚，事后又往往会后悔。这时，倘若父母能真诚地向孩子道歉，补救自己的"过失"，就能引导孩子更好地发展。

　　被称为"西班牙王国上空的一颗光辉灿烂的巨星"的拉蒙·依·卡哈的成长，就说明了这一点。卡哈小时候调皮得很，13岁时用所学的知识造了门"真"的大炮，把邻居家的孩子打伤了，闯了大祸，被罚款和拘留。当他从拘留所出来后，身为大学教授的父亲把这个"顽童"着实训斥了一顿，并责令他停止学业，学补鞋子。后来，父亲越来越觉得这样的处罚过于严厉，孩子闯了祸是要管教，但不能因噎废食。于是，一年后，父亲上补鞋铺接回了卡哈，搂着孩子深情地说："爸爸做得不对，向你道歉。我不该因为你闯了一次祸就中断你的学业。从现在起，你就在我身边学习吧，你会有出息的。"从此卡哈潜心学习骨骼学，终于成为举世瞩目的神经组织学家，并荣获了诺贝尔奖。

父母应当意识到：当自己向男孩道歉时，就等于在教男孩相信他自己的洞察力。如果父母不停地批评孩子、辱骂孩子，孩子就会形成一种对生活本质和对世界的负面看法。父母应该让男孩懂得，任何人都会犯错误，但一定要对自己的错误负责。通过道歉，家长塑造了自己关爱他人的行为模式。每位家长身上都蕴含着改变孩子命运的神奇力量。当你自己从内疚、自责和愤怒中解脱出来的时候，你也解救了你的孩子；当你终止了旧的家庭模式给你的束缚时，你就等于给自己、也给了孩子一份厚礼。他会记住自己的父母是如何勇敢地对待自身的缺点，这种勇气与坦率会鼓励孩子做终生的探索与自我培养，而不至于迷失方向。

# 细节 36　男孩是未来世界的开拓者

一些父母老是抱怨自己的孩子太懦弱、太胆小、害怕挫折、害怕失败，经不起一点儿风雨。他们经常担心地说：

"看别人家的孩子什么事情都不怕，我家的孩子却什么都不敢做。"

"人家的孩子都可以自己解决问题了，而我家的老是出错。"

"是啊，孩子太胆小，真是让人担心。"

你是否也在为孩子的这些问题烦恼，不知道如何把孩子培养成一个勇敢的有进取精神的人呢？

那么，什么是勇气呢？

勇气是产生于人的意识深处的对自我力量的确信，是相信自己可以面对一切紧急状况，消除一切障碍，并能控制任何局面的意识。勇气是世界上最好的精神药物。如果孩子以一种充满勇气、充满自信的精神进行学习的话，那么孩子以后可能遇到的任何失败都只是暂时性的，一个勇敢而坚定的人必定会取得最后的胜利。我们来看看麦克阿瑟将军英勇的品质是如何培养出来的。

> 这得从麦克阿瑟的父亲说起。麦克阿瑟的父亲就是位性格勇敢坚强的人，所以他希望孩子将来也能够像自己一样。
>
> 有一天，父亲带着小麦克阿瑟出去打猎。麦克阿瑟

非常高兴，拿着父亲送他的木剑就出门了。可是在路上，突然从树林里窜出了一头豹子，小麦克阿瑟顿时吓得面如土色，紧紧抱住父亲，木剑也从手里掉了出来。

父亲鸣枪吓跑了豹子，很生气地对儿子说："记住，你是军人的孩子，要勇敢坚强，做一个真正的男子汉！"说完捡起了地上的木剑还给了儿子。

这件事情对麦克阿瑟影响很大，他牢牢记住了父亲在森林里对他说过的话。从此以后，他一有机会就锻炼自己的胆量。没过多久，父母带麦克阿瑟去砍树。他不小心被刀子划破了腿，麦克阿瑟忍住疼痛没有告诉任何人，过了几天伤口感染，父母发现后给他清理了伤口，麦克阿瑟竟然没叫一声疼。他的父亲十分高兴，觉得自己的孩子很勇敢，以后说不定会成为有用之才，结果成年后的麦克阿瑟果然成为一位英勇威武的大将军。

有时候，爸爸可以和男孩一起看看电视剧，学学其中的人生智慧。比如《亮剑》就是值得爸爸和男孩一起学习的一部电视剧。

李云龙、丁伟都是属于那种天不怕地不怕的人，打仗时咬住敌人就不松嘴，吞不下去也要撕下块肉来，一旦和敌人接上火，就谁也别想调动他了，哪怕是野司林总的命令也没用，不占点便宜他决不走。辽沈战役的最后一仗，丁伟率一个师在辽西平原上咬住廖耀湘兵团，他不等后继部队到，便以一个师的兵力率先向廖耀湘兵团发起攻击，如入无人之境，硬是把对方一个兵团冲的七零八落。

李云龙的将士更是不达目的誓不罢休，在追击黄百韬第七兵团时，撒开双腿就追，在奔袭中以昼夜行军180

里的速度冲到最前面，还没等首长下命令就乒乒乓乓干了起来。敌人跑到哪里，就坚决追到哪里、打到哪里。

丁伟和李云龙这种咬住敌人不放，不达目的誓不罢休的狼族精神使他们成为野战军中的王牌。狼，是最不懂得妥协的猎杀者，是一种桀骜不驯的动物。再强大的对手也有它的弱点，只要坚持不懈，必有收获。一旦下定决心，狼群的追杀便是被猎者的催命符，很少有猎物能从狼嘴下脱身，狼不懂什么时候该停下来。这种不达目的决不妥协的本性，让每一个对手震撼。

如果拿出这种咬定青山不放松的精神来对待人生，那么，孩子也就鲜有达不到的目的。

由于外在的客观条件，有时即使一个很努力也很有能力的人，也会被成功拒之门外。此时，能否具有不达目的誓不罢休的狼族精神，能否坚持不懈地叩击成功的大门，比其他任何东西都重要。只有抱着不达目的的誓不罢休的信念去努力争取、努力奋斗，才能像李云龙那样打赢人生的每一场战役。

智慧的爸爸懂得"授之以鱼不如授之以渔"的道理，让孩子主动亮出自己，这与让他拥有君子的品行一样重要。孩子都喜欢明星崇拜，如果他能把《亮剑》中的李云龙当成自己的偶像，如果爸爸能多多和孩子一起说说这个人物的故事，把李云龙的故事印在生活中，这样的崇拜会帮助他克服困难，成为一个坚强的人。

## 建议一：逆境是男孩成长的试金石

有些男孩，稍微受点小委屈，他便觉得天都要塌下来了。归根结底是因为他小时候没有受过什么委屈，更没有吃过什么苦头。他长大后，受挫能力明显比同龄男孩薄弱。

教育专家赵忠心教授在他的调查报告中，曾讲到这样一个真实的故事。

在某省城宽阔的大街上，一大早就停放着一辆威严的警车和一辆豪华轿车。警车上坐着警察，可轿车里坐的却不是犯人，而是佩戴红领巾的少先队员。轿车周围簇拥着黑压压一大群前来送行的人，男女老幼约有上百人。

只见车下的人一个劲地往车上递大包小包各式各样的食品，还喋喋不休地千叮咛万嘱咐："别到处乱跑"，"不要喝生水，别吃不干净的东西"，"水杯、饭碗使自己的，不要用老乡的"，"睡觉盖好被子，别着凉"，"晚上上厕所带好手电筒"……

警车拉着警笛、闪着警灯开动了，直到消失在大街的尽头，送行的人们仍旧站在原地，眼含热泪，眼巴巴地望着车开去的方向，很久都不愿离去，此情此景颇为"悲壮"，犹如生离死别。

其实，这只不过是某单位组织的一次小学生社会实践活动：从省城挑选20名小学生到边远山区学习生活一周，同时从边远山区挑选20名小学生到省城学习生活一周，即进行短期的"易地留学"。城乡的学生分别住在对方学生的家里，到对方的小学学习。让城里生活条件优越的孩子亲身体验一下农村比较艰苦的生活，促使他们更加珍惜自己优越的生活和学习条件，增强社会责任感。

看到眼前这种情况，观众无不感叹地说："现在的孩子养得也太娇了，将来他们怎么能独立生存呢？"

这种担心绝非杞人忧天。其实，有许多男孩的父母，很不重视男孩生存能力的培养，将男孩护在怀中，便限制了他们发展能力的空间，使他们在未来的社会中束手无策。同时，父母过于紧张的保护意识，也容易使男孩对生活产生恐惧感，认为外面的世界充满不可抗拒的威胁，形成怯懦的性格。

要想让男孩成就辉煌的人生，就要放手让生活的磨难去砥砺男孩坚强的品质和心性。男孩在成长时期太顺利未必是好事，不能吃苦，受不了一丁点委屈的男孩长大后很容易丧失斗志。父母只有放开保护的羽翼，让男孩多受些"委屈"，他才能变得更坚强。

很多家长舍不得男孩吃苦受委屈，于是，很多男孩生活自理、自控自救、自我防范等方面的能力很差，导致真遇到大事的时候往往不知所措，上当受骗。

家长不妨在男孩小时候就对他进行一些挫折教育，有时候甚至可以给他人为地制造一些小麻烦。想方设法给他出一些生活难题，让他自己来处理。其间，父母不要提供"善意的帮助"，这样会剥夺孩子独立的处事能力。父母不如放开手，让孩子去接受挫折的存在。在孩子向尚未经历过的事情挑战时，一般会饱受失败的折磨。不过，忍耐这种痛苦也是一种必需的经验。

有的男孩在逆境中易产生消极反应，往往会垂头丧气，采取退避的方式。父母要改变这种现象，就必须在男孩遇到困难时，积极鼓励他战胜困境。例如，当他登山怕高、怕摔跤时，家长就鼓励他："别怕，你行的！摔一跤算什么?"这样会激发他的勇气与斗志，久而久之，他承受挫折的能力会得以增强。

男孩如果失败了，父母千万不能说一些抱怨的话，而是要鼓励男孩用一颗平常心去对待生活中所遇到的一些事情。父母要用温情去温暖男孩，对男孩进行引导。

此外，平时可以多给男孩买一些冒险类或名人传记类的图书。他读这些图书多了，便会受到潜移默化的影响，变得勇敢、坚毅、顽强。

## 建议二：教男孩承受生活的磨炼

有些事是可以通过努力解决的，也有暂时解决不了的。在个人无法抗拒的困难面前，承受能力就更显得重要。

如果我们把什么事都设想得一帆风顺，期望事事称心如意，对生活中可能产生的困难和问题毫无思想准备，一旦遭受挫折就会难以承受。相反，如果一个人阅历曲折、饱经风霜，在生活中受过多种波折和风险的磨炼，积累了同逆境搏斗的经验，一旦再遇到挫折，就能够比较冷静地分析产生挫折的原因，比较容易找到摆脱困境的捷径。

1864 年 9 月 3 日这天，平静的斯德哥尔摩市郊，突然爆发出一声震耳欲聋的巨响，滚滚的浓烟霎时冲上天空，一股股火焰往外冒出来。仅仅几分钟时间，一场惨祸发生了。当惊恐的人们赶到现场时，只见原来屹立在这里的一座工厂只剩下残垣断壁，火场旁边，站着一位 30 多岁的年轻人，突如其来的惨祸和过分的刺激，已使他面无人色，浑身不住地颤抖着……

这个死里逃生的年轻人，就是后来闻名于世的弗莱德·诺贝尔。诺贝尔眼睁睁地看着自己所创建的炸药实验工厂化为了灰烬。人们从瓦砾中找出了五具尸体，四个是他的亲密助手，而另一个是他在大学读书的小弟弟。五具烧得焦烂的尸体，令人惨不忍睹。诺贝尔的母亲得知小儿子惨死的噩耗，悲痛欲绝；年迈的父亲因大受刺激而引起脑出血，从此半身瘫痪。然而，诺贝尔在失败面前却没有动摇。

事情发生后，警察局立即封锁了爆炸现场，并严禁诺贝尔重建自己的工厂。人们像躲避瘟神一样地避开他，再也没有人愿意出租土地让他进行如此危险的实验。但是，困境并没有使诺贝尔退缩，几天以后，人们发现在远离市区的马拉仑湖上，出现了一只巨大的平底驳船，驳船上并没有装什么货物，而是装满了各种设备，一个年轻人正全神贯注地进行实验。原来，他就是在爆炸中大难不死、被当地居民赶走了的诺贝尔！

　　不怕死的毅力也会把死神从身边吓跑。在令人心惊胆战的实验里，诺贝尔依然持之以恒地行动，他从没放弃过自己的梦想。

　　工夫不负有心人，他终于发明了雷管。雷管的发明是爆炸学上的一项重大突破，随着当时许多欧洲国家工业化进程的加快，开矿山、修铁路、凿隧道、挖运河等都需要炸药。于是，人们又开始接纳诺贝尔了。他把实验室从船上搬迁到斯德哥尔摩附近的温尔维特，正式建立了第一座工厂。接着，他又在德国的汉堡等地建立了炸药公司。一时间，诺贝尔的炸药成了抢手货，诺贝尔的财富越来越多。

　　然而，初试成功的诺贝尔，好像总是与灾难相伴。不幸的消息接连不断地传来，在旧金山，运载炸药的火车因震荡发生爆炸，火车被炸得七零八落；德国一家著名工厂因搬运硝化甘油时发生碰撞而爆炸，整个工厂和附近的民房变成了一片废墟；在巴拿马，一艘满载着硝化甘油的轮船，在大西洋的航行途中，因颠簸引起爆炸，整个轮船葬身大海……

　　一连串骇人听闻的消息，再次使人们对诺贝尔望而生畏，甚至把他当成灾星。随着消息的广泛传播，他被全世界的人所诅咒。

诺贝尔又一次被人们抛弃了，面对接踵而至的灾难和困境，诺贝尔没有一蹶不振，他身上所具有的毅力和恒心，使他对已选定的目标义无反顾，永不退缩。在奋斗的路上，他已经习惯了与死神朝夕相伴。

强大的承受能力和矢志不渝的恒心最终激发了他心中的潜能，他最终征服了炸药，吓退了死神。诺贝尔赢得了巨大的成功，他一生共获专利发明权355项。他用自己的巨额财富创立的诺贝尔奖，被国际学术界视为一种崇高的荣誉。

诺贝尔的成功经历告诉我们：在遭遇变化尤其是挫折的时候，应学会调整自我，培养承受能力。否则，你输给的将不是别人而是你自己。

男孩如何培养自身承受能力，以更好地适应变化呢？

## 1. 在心理上把变化当作双刃剑

第一，生活中的变化是难免的。俗话说："天有不测风云，人有旦夕祸福。"人生会有各种各样的坎坷，事业也不会总是一帆风顺。纵观古今，许多成就大业的人，无一不是从逆境和坎坷中磨砺过来的。人类的文明，就是在不断的挫折与失败中获得进步的。

第二，变化也不一定是坏事。事业遭挫会给人以打击，带来损失和痛苦，但也使人奋起、成熟，从中得到锻炼。"自古雄才多磨难，从来纨绔少伟男"。巴尔扎克也说："世界上的事情永远不是绝对的，结果完全因人而异。苦难对于天才是一块垫脚石，对于能干的人是一笔财富，对弱者是一个万丈深渊。"

成就事业的过程往往也就是征服挫折的过程。强者之所以为强者，不在于他们遇到挫折时根本没有消沉和软弱过，而恰恰在于他们善于克服自己的消沉与软弱。

世界上的一切事物都是在不断变化和发展着的，都具有两重性。逆境可以向顺境转化，顺境同样也可以转化为逆境。家长要让男孩明白，挫折可以使人沉沦，也可以使人猛醒和奋起。关键在于受到挫折的时候，在失意中，能否从失败中吸取经验，能否发现自己好的一面、自己的优点和长处，从而振作精神，重新站立起来。当你在失望和沮丧中看到了自己的另一面，你就会突然发觉，天空原来是那么辽阔，阳光原来是那样明媚，自己并不是一无是处，从而鼓起战胜挫折的勇气和信心，提高对挫折的适应能力。

## 2. 在行动中把征服的理念奉行

蝴蝶成长的必然过程，是必须在蛹中经历痛苦的挣扎，直到它的翅膀强壮了，才会破蛹而出。人的生存也是如此，必须要承受挫折的打磨磕碰，才能在竞争中抢得一席之地。

苏联作家奥斯特洛夫斯基，在战争中双目失明，全身瘫痪。他在病榻上完成了《钢铁是怎样炼成的》这部长篇小说，成为 20 世纪 30 年代苏联最优秀的文学作品之一。

直至现在，在化解失意带给我们难以承受的打击的时候，他的名言仍在耳边回响："人最宝贵的是生命，生命对于人只有一次。人的一生应当这样度过：当回首往事的时候，他不会因为虚度年华而悔恨，也不会因为碌碌无为而羞愧……"

# 细节 37 告诉男孩不敢穿过
# 黑暗的人无法到达黎明

没有经历过困难的人很难真正成功，正如不曾穿过黑夜就无法到达黎明。

史泰龙，这位好莱坞的动作武打巨星，不管是《洛奇》还是《第一滴血》的系列片中，他给人的印象永远是个硬汉。然而这位荧屏上的硬汉却有着不为人知的艰苦经历。

成名之前的史泰龙十分落魄，连房子都租不起，晚上只能睡在自己的小车里。当时，年轻的史泰龙一心想当一名演员，然而当他第一次到纽约电影公司应聘时，他却因外貌平平及咬字不清而遭拒绝。当纽约所有的500家电影公司都拒绝他之后，他从第一家电影公司开始再度尝试，但都以失败告终。

然而这些失败并未让史泰龙放弃自己的演员梦。一天晚上，在一间破败的汽车旅馆里，史泰龙看了一场电视直播的拳赛，由拳王阿里对一位名不见经传的拳击手查克·威普勒。这个威普勒在阿里的铁拳下居然支撑了15个回合。

这场拳赛给了史泰龙创作的灵感，他用了三天时间便写就了一个剧本《洛奇》，这个剧本是一个地道的美国式梦想：讲述的是一个叫洛奇的业余选手，由于偶然的机会与世界拳王对抗而一战成名。

拿着剧本的史泰龙再次找到了好莱坞的电影公司，然而得到的答案仍然是拒绝。有人翻了翻剧本后就立即还给了他，还有人不仅不看而且把他连人带本都轰了出去。史泰龙并未因此气馁，他仍然告诉自己："我并没有失败，因为我在行动，我只是暂时停止成功。"

机会总是会到来的，在史泰龙的不懈努力下，终于有人愿意出钱买他的剧本了。然而当他听到电影公司不同意由他来主演时，他选择了拒绝，这是他第一次拒绝别人。

几经辗转，经历了无数次的拒绝和失败后，史泰龙终于找到了一个支持者，他如愿以偿。

片子以很低的成本在一个月内就拍完了。然而谁也没想到，《洛奇》成了好莱坞电影史上一匹最大的黑马：在 1976 年，这部影片票房突破了 2.25 亿美元，并夺走了奥斯卡最佳影片与最佳导演奖，史泰龙获得了最佳男主角与最佳编剧的提名。

在奥斯卡的颁奖仪式上，著名导演兼制片人弗兰克·科波拉由衷地赞叹道："我真希望这部电影是我拍的。"

史泰龙也一炮打响，成为超级巨星。他的片酬一度打破了好莱坞的新纪录，达到 2500 万美元。

曾经贫困潦倒、只能是电影里的龙套角色，在无数次的失败历练之后却成就了自己，从此浴火重生。

没有经历过困难的人很难真正地成功，成名之前的史泰龙经历过落魄、穷困，付不起房租，即使被拒绝上百次，史泰龙依旧坚持自己的梦想。一场拳赛给予了史泰龙灵感，他独自创作出了

《洛奇》的剧本，虽然不被人看好，但史泰龙没有选择放弃。柳暗花明，史泰龙最终找到了支持者，《洛奇》成为了电影市场上的一匹黑马，史泰龙也因此一举成名。贫困潦倒并不可怕，多次失败也算不了什么，因为要想达到成功彼岸的人必然要经过无数的历练。

只有经历了困难的考验，我们才会变得更加坚强和成熟。面对挫折，只要拥有一颗积极向上的心，任何一种困难，都可以化作成功的动力。电影巨星史泰龙曾说："没有失败，只有暂时尚未成功。"

坚定的性格首先来源于目标的明确，不是非驴非马、非此非彼、模糊不清，也不是朝三暮四。只要认准了正确的追求，在任何情况下都能不懈地为之奋斗和献身。

其次，坚定并不排斥灵活，而是和灵活相辅相成。建立在坚定性格基础上的灵活，才不至流于轻浮。而和灵活融合到一起的坚定，才不至变成固执。

同时坚定的性格，还来源于自己的首倡性和独立性。所谓首倡性、独立性，就是习惯于不依赖别人，而是依靠自己的独立分析和判断，提出创造性的意见，并果敢地加以执行。具有首倡性和独立性的人，办事才能有主见。

坚定不同于固执。如果拒绝别人的任何影响，毫无根据地对抗来自别人的一切，或者明知行不通，还是不顾一切地蛮干到底，那就不是坚定而是固执了。坚定和固执的区别就在于能不能理智地处理问题。不论怎样明白的论据，要劝说固执的人是很困难的。但意志坚定的人，只要理由充分，就可以被说服。固执的人，虽然看起来很坚定，实际上却正是意志薄弱的表现。

也许你的梦想还很遥远，但不管前面的路途怎样，请先坚定自己的信念。

## 建议一：竭尽所能突破眼前的困境

"如果你懂得苦难磨炼出坚韧，坚韧孕育出骨气，骨气萌发出不懈的希望，那么苦难会最终给你带来幸福。"这句话曾在一个年轻人生命垂危之际被反复诵读，这个年轻人叫约翰。

约翰，出生在美国，父亲是一个汽车推销商。从小到大他都热衷于体育锻炼，篮球、网球、垒球等运动全都会玩，在学校里他也是一位优秀的学生。

成年后约翰应征入伍，在一次军事行动中他所在的部队被派遣驻守一个山头。激战中，突然一颗炸弹飞入他们的阵地，眼看即将爆炸，他果断地扑向炸弹，试图将它扔开。不幸的是，在这时候炸弹爆炸了，约翰被炸倒在地上，此时他已经失去了自己的右腿和右手，左腿变得血肉模糊，在抢救时也被迫截掉。同时，炸弹的弹片穿过了他的喉咙，他已不能再说话。

就在大家都以为约翰再也不能生还的时候，他却奇迹般地活了下来。在生命垂危的时候，约翰反复诵读着那句让他始终保持着不灭希望的话："如果你懂得苦难磨炼出坚韧，坚韧孕育出骨气，骨气萌发出不懈的希望，那么苦难会最终给你带来幸福。"

约翰失去了他的双腿和右臂，命运对他的打击实在太大了！然而在绝望中，他又看到了这样一句格言："当你被命运击倒在最底层之后，能再高高跃起就是成功。"回国后，约翰开始从事政治活动。

起初，他在州议会中工作了两届。之后他竞选副州长失败，这次打击并未让约翰就此消沉，紧接着，他学会驾驶一辆特制的汽车并跑遍了全国，发动了一场支持退伍军人的事业。就在约翰34岁那一年，他被总统任命为全国复员军人委员会负责人，成为在这个机构中担任此职务最年轻的一个人。卸任后的约翰回到自己的家乡。1982年，他被选为州议会部长，1986年再次当选。

这个故事的主人公约翰，如今已成为亚特兰城一个传奇式的人物。人们可以经常在篮球场上看到他摇着轮椅打篮球，用他的左手一次次进行着投篮。

面对困境，你可以做什么？约翰告诉我们他的答案：突破、突破、突破。在军事行动中，约翰被炸弹炸伤，失去双腿和右臂，不能再发声，他奇迹般地生还了下来。命运给他如此大的打击，但他并未因此而倒下。他进入州议会工作，他自制汽车跑遍全国，他受到了总统的接见，并当选州议会部长，约翰坐在轮椅上却达到了常人不曾企及的高度。

"你必须知道，别人是以你自己看待自己的方式来看你的。你对自己自怜，别人则会报以怜悯；你充满自信，别人会待以敬畏；你自暴自弃，多数人就会嗤之以鼻。"约翰，这个只剩一条手臂的人最终成为一名议会部长，成为被总统赏识并担任要职的人，他用自己的成功佐证了这句格言。

英国诗人雪莱说："除了变，一切都不会长久。"有些人宁可在困境中沉沦，也不期冀在改变中挣扎。他们害怕林荫小路后是万丈悬崖，而不敢去采撷那份芳菲；害怕改变是更大痛苦的序言，而不敢走出熟悉的圈子。正如司汤达所言："一个真正的天才，绝不遵循常人的思想途径。"

当众人在困境中负隅抗争时，你是否看到困境外的那缕阳光呢？有时成功很简单，跨越那条界限，你就属于成功一族；还未跨越界限的人，无论你和那条界线的距离有多么近，你也属于一个失败者。

　　如果你现在身处困境，那就发挥你的全部能量吧，冲破那条界线，你可能就是成功者。成功和失败，往往取决于你能否在一念之间咬咬牙。当周围的一切既定时，我们必须学会改变自己。正如河水溢涨不会改期，但人类可以迁徙；狼群出没不可避免，但羚羊可以奔跑。

## 建议二：妈妈别担心男孩在外面吃亏

　　有人问李泽楷："你父亲教了你一些成功赚钱的秘诀吗?"李泽楷说，赚钱的方法父亲没有教，只教了他一些为人的道理。李嘉诚曾经跟李泽楷说，他和别人合作，假如他拿七分合理，八分也可以，那么拿六分就行了。

　　李嘉诚的意思是，吃亏可以争取更多人与他合作。你想想看，虽然他只拿了六分，但现在多了一百个合作人，他能拿多少个六分? 假如拿八分的话，一百个人会变成五个人，结果是亏是赚可想而知。李嘉诚一生与很多人进行过或长期或短期的合作，分手的时候，他总是愿意自己少分一点钱。如果生意做得不理想，他就什么也不要了，愿意吃亏，这是种风度，是种气量。也正因为这种风度和气量，才有人乐于与他合作，他也才越做越大。所以李嘉诚的成功更得力于他的恰到好处的吃亏。

　　若一个人不肯吃亏，则必想占便宜，于是，妄想日生，骄心日盛。而一个人一旦有了骄狂的态势，难免会侵害别人的利益，引起纷争，在四面楚歌之中，岂有人再和他合作，焉有不败之理? 因此，男孩在社会上与人相处的时候，吃了亏也不是什么坏事情，在这样的过程中他们就会学会理解和包容，我们不能鼓励男孩子主动吃亏，但是当他们吃亏时，要让他们知道吃亏也是一种成长。

生活中有些男孩子，他们为某个共同目标，一起努力。然而，在分配劳动果实时，却会发生不愉快的事，因为他们都斤斤计较，都认为对方占了便宜，谁也不愿吃亏。这样僵持不下，就会使得已经到手的东西得而复失。父母要让男孩子明白，世界上没有绝对的公平，不要因为自己吃了亏，就抱怨不公平，这样将来走向社会的时候，双方都因此遭到更大的损失。

有这么两个渔人，一同出去捕鱼。

他们来到河边，两人捕了很多的鱼。在分鱼的时候，两人发生了争执，都说自己分少了，别人分多了。没有办法，他们决定在河边挖一个水坑，暂时把鱼放在里面，回家去拿秤来重新分配。可是等他们回来的时候，水坑里的鱼却早已从里面跳出来，游进了河里。他们感到十分懊恼，互相埋怨对方。

这时，他们听见了野鸭的叫声，决定去捕野鸭。正当他们接近野鸭准备射击的时候，其中一个人说："先别忙，咱们先说好野鸭怎么分配，免得又让野鸭跑了。"于是二人为分配的事情又争吵起来，他们争吵的声音惊动了野鸭，野鸭马上就飞走了。可是二人仍在那里争吵不休。

所以，在小事上，父母要告诫男孩，绝不可太拘泥于绝对的公平，事实上，绝对的公平是不存在的。关键是，你要从长远利益出发，小不忍则乱大谋。切忌斤斤计较，鼠目寸光。这样才能给自己将来开启一扇美好的窗。

"吃亏"是一种境界，更是一种睿智。能吃亏的男孩，往往是一生平安，幸福坦然。吃亏本身就是一种福气，吃了眼前的"亏"，会把事情做得更好。吃亏一事，得益十事；吃亏一时，则可能安乐一世。

吃亏是福不是祸。当男孩面对艰难的处境，父母要让他们学会信奉"吃亏"哲学，就因为吃亏是一种谋略，是不计较眼前的得失而着眼于大目标。

有一个年轻人大学刚毕业就进入出版社做编辑，他的文笔很好，更可贵的是他的工作态度。那时出版社正在进行一套丛书的出版，每个人都很忙，但上司并没有增加人手的打算，于是编辑也被派到发行部、业务部帮忙。整个编辑部几乎所有人去一两次就抗议了，只有那个年轻人愉快地接受指派，毫无怨言。后来，他又去业务部参与销售的工作。此外，取稿、跑印刷厂、邮寄……只要开口要求，他都乐意帮忙。其他同事都认为他"吃亏"了，但两年过后，他自己成立了一家出版公司，做得很不错。

原来，他在"吃亏"的时候，把出版社的编辑、发行、直销等工作都摸熟了。现在，他仍然抱着这样的态度做事，对作者，他用吃亏来换取作者的信任；对员工，他用吃亏来换取他们的积极性；对印刷厂，他用吃亏来换取品质……由此看来，他凭吃亏占到了便宜。

如果吃亏能让男孩得到比其他人更多的工作经验、更多的发展机会，那么吃亏也就是占便宜。故事中的大学生，在最初工作的时候，被老板和其他员工指派，但就是在这个过程中，他积累了工作经验、人脉关系，在短短两年之后，便成功地开始了自己的事业。

但是很多男孩都不想吃亏，认为吃亏是一种侮辱，这个时候父母要做的是：

## 1. 要及时给予安慰

尽管吃亏能让男孩成长，让他们学会很多与人相处的人生经验，但人生有顺境的时候，谁也不想走逆境。所以当男孩吃亏的时候，父母要耐心地给他们解释，要平息他们的愤怒，尽量让他们从中看到自己得到的东西，这才是他们吃亏后得到的最大的资本。

## 2. 要培养他们宽大的心

生活中磕磕碰碰的小事情不必放在心上，当他们在吃亏后以一颗宽大的心包容的时候，就会赢得更多的朋友。

# 细节38 绝大部分成功者都有"穷养"的经历

现在的家庭生活水平都提高了，孩子很轻易能够得到自己想要的东西，既是好事也是坏事。但是，也有很多家庭并没有多么优越的条件和实力，所以在给男孩提高丰富物质的同时，也增加了自己的压力。

靠工资生活的"工薪族"，在购买商品时未免有些踌躇，很难真正潇洒起来。然而，和"工薪族"相比，一些没有任何收入的少男少女们却先"富"了起来，着着实实地"潇洒"：穿的是"彪马"或"耐克"名牌运动衣，用的是"派克"金笔、日本进口卷笔刀、高级文具盒，骑的是近千元的赛车，累了就到麦当劳大吃"巨无霸"和冰激凌，那份派头儿，令每月靠工资生活的父母们叫苦不迭。

在发达国家，人们生活普遍比较富裕，但大多数富人对孩子要求甚严。他们生活保持低标准，并不鼓励孩子纵欲使性，为的是砥砺孩子的意志，培养孩子艰苦的品质，不让他们堕落成钱多智少的庸才。

范仲淹早年丧父，生活贫苦，很小就辍学在家，但他很有志气，立志要自学成才。为求得更多知识，他在刻苦读书之余，靠打柴攒了些钱，准备去南都乡校深造。

范仲淹拜别母亲，来到乡校求学，虽然生活特别艰苦，可他依旧用功读书。

同学王文是南都留守的儿子，看到他这个样子，自叹不如之余，产生了怜恤之心，经常会拿些美味佳肴送给范仲淹。范仲淹再三推辞，弄得王文很生气，硬把菜留了下来。

几天后，王文发现，上次送来的菜竟然一筷未动，不禁责问道："我因见你过得太清苦，给你送些菜来，你为什么不愿吃一点？"范仲淹解释道："对你的深情厚谊，我感激之至，只是我一向吃惯了稀粥咸菜，骤然食用这美味佳肴，担心咽不下咸菜稀粥。"

虽然生活艰苦，但范仲淹一心一意想把书读好。通过刻苦努力，他终于成为有名的思想家、政治家、文学家，并且得到后人的尊敬与赞扬，有关他发奋读书的故事一直流传至今。

让男孩们"穷"着点实际上是为他们的未来着想。我们应该思索对男孩的爱护是不是太多了一点？在古今中外的各种故事中，我们很容易找到穷养男孩的典范，看得出过去的人那一份难得的心。

汉朝的刘邦打下天下之后，为100多个功臣分封土地，并且分给他们很多田宅。在分封土地的时候，丞相萧何要了一块很贫瘠的土地。因为土地贫瘠，如果不辛勤耕作就没有饭吃，并且后代的子孙也都懂得勤劳节俭。汉朝建国100年之后，有一位史学家做了个考察，想了解一下最初被分封的这100多个功臣，如今他们的后代都怎样了。结果这个史学家非常吃惊，因为这些功臣的后代，基本上已经都没落了，而丞相萧何的后代还生存得很好。

人们不得不佩服萧何的深谋远虑，留财产给子孙的做法是最愚蠢的，重要的是留下做人的智慧给子孙，留下做人的榜样给后代，这才是他们取之不竭的财富。

## 建议一：告诉男孩乔布斯的故事

"历史上最著名的有三个苹果，一个诱惑了夏娃，一个砸醒了牛顿，一个握在乔布斯手上。"这曾是疯传于网络上的经典话语，虽然乔布斯已经离我们而去，但他和他的苹果给世界带来了太大的改变。然而一路走来，这个咬苹果的乔布斯也并非一路坦途。

乔布斯出生于 1955 年，刚出生就被父母遗弃了，幸运的是，他被洛杉矶的一对好心的夫妻收养。

乔布斯从小便是聪明与顽皮的结合体，有着优异的学习成绩。他在著名的"硅谷"度过了自己的童年，由于耳濡目染，也渐渐迷恋上了电子学。当乔布斯第一次见到电脑时，他便迷恋上了这种新的机器，从而走上了自己的电脑研发之路。

21 岁的愚人节，乔布斯和朋友在家中的仓库里度过，在那里，他们签署了一份合同，决定成立一家电脑公司。由于乔布斯偏爱苹果，他就给电脑起了一个名字——苹果。他们的自制电脑"苹果一号"在电脑圈里的影响很大，然而他们并不满足这个刚诞生的家伙，乔布斯和朋友们以近乎痴迷的状态将电脑做得更加方便，加上良好的产品推销，"苹果"为他们赢得了第一仗。

成功对乔布斯而言，来得太过于迅速，1985 年，乔布斯获得了由里根总统授予的国家级技术勋章。荣誉的背后，危机已经在逐渐显露。乔布斯在商业经营中是一个怪杰，加上当时的行业带头大哥 IBM 公司也开始推出了个人电脑，苹果公司营销大减，节节惨败。因此，苹果的董事会决议撤销他的经营大权，乔布斯愤然离去。

离开苹果的乔布斯很快便开始了自己的再一次创业，他创办了"Next"电脑公司。而苹果在失去乔布斯以后，营销上仍未见起色。

12 年之后的圣诞节前夕，一则"苹果收购 Next，乔布斯重回苹果"的新闻出现在全球各大计算机报刊的头版头条上。乔布斯重回苹果，此后在他的公司（现皮克斯）成功制作第一部电脑动画片《玩具总动员》后名声大振。

然而苹果的现状仍是困境重重，危难之际，乔布斯进行了大刀阔斧的改革。他改组了董事会，抛弃旧怨，与苹果公司的宿敌微软公司握手言欢，乔布斯因此再度成为《时代》周刊的封面人物，苹果的命运也逐渐走向光明。

如今的苹果早已风靡全球，一跃成为全球市值最高的上市公司。乔布斯虽然已经离开了我们，但他和他的苹果给世界带来了一段传奇，这段传奇仍将会继续。

"Follow your heart!"这是乔布斯的座右铭，即遵从你的内心。从硅谷走出的乔布斯，学生时代便开始迷恋电子产品，他和朋友在仓库中创立了苹果公司，一心扑在电脑的研发上，偏执、狂放，他坚持自己所坚持的，他为苹果带来了最初的胜利。即使后来愤然出来，他依旧坚持自己的创新之路。多年后，乔布斯重回苹果，将其带到了另一个巅峰。虽然乔布斯已经离开，但他用实际行动告诉后来人——人生中不要有那么多的抱怨，遵从你的内心，放手去做。

古希腊的一位哲人曾说过："不要为明天思虑，明天自有明天的安排，只要把全部精力放在今天就行了。"虽然这话距离我们已有多个世纪，但对于我们的人生依然很有意义。

把握好现在，这对我们来说是多么明智的选择。很多时候，年轻人感到自己还有很多时间和精力，对眼前总是抱着得过且过的态度。但是想要成功的人需要有一份危机感，乔布斯对生命的危机感就是如此。生命是短暂的，只有走好眼前的路，人生才是有意义的。

把握好现在就要把握好现在的自己。生活中发生的很多事情让人烦恼，这就像掉在装满水的水杯中的尘土，只要保持稳定，让尘土慢慢沉淀下去，就能让水保持清澈透明，同样，我们不去过多求全责备，那么，心也能更加清澈明亮，从而积极乐观地去把握现在的自己，一步步走好脚下的路，就可以避免遗憾再次发生。

把握好现在更要求我们把握好现在的时间。正因为我们年轻，所以更要珍惜好现在的每一分每一秒去学习，不断提高自己、完善自己，用最佳的状态去迎接每一天的挑战，在有限的时间里创造更多的价值；不为遗憾的过去而烦恼，也不为遗憾将导致什么样的未来而忧虑，面对挫折不气馁，从挫折中吸取教训，总结经验，做好现在的每一件事情，这样就必定能踏上成功的舞台。

## 建议二：机遇只青睐有勇气的人

在一个由瑞典歌剧院主持的音乐考试上，一个瘦弱的年轻人登上舞台，这次他需要一口气唱完 14 首曲目，然而身体虚弱的小伙子，在台上显得没有半点力气。当他唱完第一首咏叹调后，不争气的肚子开始咕噜咕噜响，饥饿的咕噜声与安静的音乐厅极不协调，台下的评委对此很纳闷。

站在舞台上尴尬的他不知如何是好，此时身边的钢琴伴奏师站起来主动帮他解释，才缓解了现场气氛，一位瑞典老教授让工作人员买了一杯热巧克力和饼干等充饥物品，这位年轻人才顺利完成了这场考试。

这位年轻的小伙子，名叫蔡大生，著名的华人歌唱家，如今他不仅是浙江传媒学院音乐学院的名誉院长，也是杭州市的文化顾问，更是挪威国家歌剧院的终身演员。

1988年，他怀揣着200美元和梦想，孤身走出国门，来参加这个由瑞典歌剧院主持的音乐考试。

考试前夕，他经历了常人难以想象的艰辛：打工赚了少量的生活费，算算离考试还有好多天，只好躲到一个小酒店，计划着怎么过，每天仅仅以一顿冷水拌面包果腹。这才出现了在考场上饿肚子的一幕。

等待考试结果需要一段时间，于是蔡大生跑到一家中餐馆，希望他们给他一个洗碗的机会。由于没有签证，人家不让他打工，无奈，他厚着脸皮跑到了警察局。

警察们对此莫名其妙："你来这里干什么?"他坦然地回答："因为来参加一个考试，我已身无分文，但我必须吃饭。"他把邀请信给他们看。警察把他带到休息室，然后给他买了一份炒牛肉片的大盒饭。

为表达谢意，他给警察们唱了一首《我的太阳》，因为他们很少有机会聆听这样高雅的音乐，听完之后，大家报以雷鸣般的掌声，然后还让他唱第二首。

那段时间，他天天跑到警察局吃饭，天天给他们唱歌。他和警察们成了朋友。

功夫不负苦心人，考试的结果出来后，11 位评委全部给他打了最高分，他在这次考试中得了第一名。蔡大生就是用自己富有感染力的歌声打开了瑞典皇家歌剧院的大门，并最终成为挪威歌剧院终生签约的歌唱家。

每当有人问及他成功的经验时，蔡大生总会提及瑞典歌剧院考试的那段经历，并直言不讳地说："我要感谢自己那份无畏的勇气，是这份可贵的勇气，让我赢得了钢琴伴奏师和警察朋友们的帮助，才能顺利度过危机。"

有人说机会是给幸运的人，其实不然，机会更青睐有准备和有勇气的人。当初蔡大生怀揣 200 美元，孤身出国，当他身无分文的时候，他仍有自己坚持的梦想和无畏的勇气。在瑞典歌剧院里，蔡大生凭借其实力赢得了认可，在警察局，他凭借其勇气和歌声换来了帮助。最终，蔡大生叩开了皇家歌剧院的大门，成为著名的华人歌唱家。人生路上总是困难与机遇并存，但你是否具备了获取这些机遇的勇气和准备呢？

中国有句古话："当断则断，不断反受其乱。"这说的正是人应具备果断的性格。果断，是指一个人能适时地采取经过深思熟虑的决定，并且彻底实行这一决定，在行动上没有任何不必要的踌躇和疑虑。

果断性格的产生并非一朝一夕，它是勇敢、大胆、坚定和顽强等多种意志素质的综合。

果断的性格，是在克服优柔寡断的过程中不断增强的。人有发达的大脑，行动具有目的性、计划性，但过多的事前考虑，却往往使人犹豫彷徨，陷入优柔寡断的境地。果断的人在做出决定时，他的决定开始时也不可能会是什么"万全之策"，只不过是诸多方案中较好的一种。但是在执行的过程中，他可以随时依据变化了的情况对原方案进行调整和补充，从而使原来的方案逐步完善起来。

果断的性格，是在克服胆怯和懦弱的过程中实现的。果断要以果敢为基础，特别是在情况紧急时，要求人们当机立断、迅速地执行决定。比如在军事行动中就需要这样，因为战机常在分秒之间，抓住战机就必须果断。

果断的性格，要从干脆利落、斩钉截铁的行为习惯开始养成。无论什么事情，不行就是不行，要做就坚决做。

要果断，还必须经常排除各种内外部的干扰。果断不是一时的冲动，它必须贯穿于行动的三个环节：确定目标、计划和执行。要养成下定决心就不轻易改变的习惯，不要让一些本来微不足道的因素干扰我们的决心，把自己弄得手足无措。

# 第七章　培养刚毅男孩

——重塑男孩的阳刚之气

# 细节 39　如果你的男孩有"娘娘腔"倾向

你的儿子是不是特别胆小，是不是特别怕黑暗，怕生人，怕一个人待在屋子里？

你的儿子是不是特别怕羞？

你的儿子是不是特别爱生闷气，爱哭哭啼啼？

你的儿子是不是特别爱撒娇，喜欢受人娇宠？

你的儿子是不是特别依恋父母，在可能的范围之内动也不敢动？

你的儿子是不是特别爱照镜子？

你的儿子是否对女孩子的用品情有独钟？

你的儿子是不是特别爱化妆品？

你的儿子是不是性格特别孤僻，不愿而且不敢和小朋友交往？

你的儿子是不是特别脆弱，特别多愁善感……

为什么会出现这些征兆？是什么让男孩子出现女性化的倾向？据德国儿童行为学家的一项专题研究，大约 6％的男孩在其上中小学，甚至进幼儿园时，即出现程度不等的"娘娘腔"，而且其中有一半在其成年后仍表现得"奶油味"十足。

所谓"娘娘腔"，指的是男孩行为上一定程度的女性化，表现也因人而异，不尽相同，其中较典型的有：说话爱发嗲，走路踩"碎步"，举手投足动作忸怩，爱跟女孩子玩，等等。一般来说，"娘娘腔"并不一定会像有些人想的那样导致同性恋，但可能给男孩心理上的健康成长带来某种程度的负面影响。

曾经有一位网友写过这样的一篇帖子，或许能给我们一些警示：

> "我的外表和身材和女的一模一样，走路也是，从小到大都被别人取笑'娘娘腔''人妖'之类的，身边没有一个朋友，也没人愿意和我交朋友。到现在毕业了，尽管我很努力地改变自己，刻意把自己打扮得男人一点，虽然动作改变了，但是外表和身材却改变不了。出来工作后，天天被一些人在背后议论。我很烦，很郁闷，很不开心。我恨她们为什么这样对待我，又不是我想这样的。我天生外貌就那样，叫我怎么办？所以我很痛恨她们，她们说我的时候我也会还击她们，骂她们死老太婆……为什么我的命运这么惨，为什么我不能像其他男生那样过正常的生活，为什么我的父母要把我生成这样？"

之所以会出现这种现象，原因是多方面的。最常见的原因就是父母搭建的温柔陷阱，长辈的过度关照和温柔软化了孩子成长应有的个性和棱角。有些父母喜欢把男孩当女孩养，扎小辫、戴小花帽、穿裙子。此外，许多男孩都是在母亲、奶奶和姥姥的怀抱中度过学龄前时光的，等到上了幼儿园、小学也都以女性老师为多，这种从女性怀抱中走出来的男孩，大都不自觉地以女性形象规范自己，性格也在潜移默化中向女性靠拢……

一些家庭中存在的父爱不足，小家庭亲情关系向母性群体倾斜的趋势，也是导致男孩不像男子汉的重要因素。

对待有"娘娘腔"倾向的男孩，家长千万不要大惊小怪，因为这样只会加深孩子对自己的"异样感"，进而发展成为自卑感和内疚感，时间长了就更难克服。家长在帮助孩子克服"娘娘腔"时，务必循循善诱，而不是责备呵斥，最好做到不留痕迹。"女孩多好""真希望有个女儿"这样的话语也应尽量在儿子面前少说。在引导时，父母要给孩子树立榜样，尤其是父亲，要多和孩子交流，在日常生活中让孩子多接触有阳刚之气的游戏和故事，鼓励孩子多和男孩玩耍，特别应鼓励孩子与男子气较足的大男孩玩耍，而不要过多地与"脂粉气"较重的男孩纠缠在一起，以免相互之间产生更多的负面影响。

总之，父母要做的就是要防止"娘娘腔"这种倾向向更严重的方向发展，想尽办法引导男孩朝着男子汉的方向前行。

### 建议一：给你的男孩一张"明性片"

无论是男孩还是女孩，在幼儿期不会对自己的性别表现出多大的关注。因而，导致孩子表现出异常性别取向的原因多半来自周围的环境，父母和家庭的影响最为直接，其次就是影视、报刊等传播媒介对孩子的影响。

究竟有哪些因素会影响孩子的性别取向呢?

#### 1. 父母对孩子的性别期望

很多父母在孩子尚未出生之前，就会对孩子有一种性别的企盼。在孩子出生之后，父母又在不知不觉中传递给孩子一些信息，给孩子灌输了男孩、女孩不同的形象概念，从而使孩子心理上产生了性别认同。

然而有一些父母生了个男孩，却偏偏想要个女孩，于是就违背客观事实，按照自己的意愿去打扮孩子，使孩子的性心理遭受扭曲。从心理上否定自己的性别，并且要求更换生理的性别特征，这是一种心理上的变态，是对于性别身份的识别障碍。这种情况以男性居多，男女之间的比例大约是3：1。

### 2. 父母的性别角色

如果父母双方所扮演的不同的性别角色比较规范的话，孩子就会感受到父母各自的优秀品质，会加深对父母的崇敬和爱慕。

很多家长对孩子的性教育都感到头疼，觉得不知道如何向孩子说明，而且即便是有所关注，也是将目光投向生理方面。性教育该怎样进行，它的缺失会造成哪些问题，都已经引起了社会的关注。如果孩子从小对性有一个正确的认识，把它看作是正大光明，那么他就倾向于发展成为正常、健康、幸福的人。

性教育应该是要结合性别角色进行的。性别角色的教育，就是让不同性别的孩子展现出与性别相应的特点，即符合"原型要求"，男孩子就要体现出阳刚之气，女孩子就应该表现出阴柔之美。人类学家认为：人的生理性别是天生的，而心理性别则是在于后天的教育，这尤其取决于儿童期接受的成人的影响和教育。

在日常的生活当中，家长还有其他的人常常会很自然地对孩子的性格给予指导，比如给女孩穿粉色的衣服，给男孩穿蓝色的衣服；把男孩称为"大胖小子"，把女孩称为"小毛丫头"；当男孩摔倒了的时候，父母鼓励他自己爬起来，当女孩摔倒了之后，则被父母抱起来。通过这些提示让孩子明白了自己是男孩还是女孩。

通过对孩子进行教育，让他能够明确自己所要扮演的性别角色，以及在这样的一个角色下他要成为一个什么样的人，应该承担什么样的社会责任，怎样尊重异性以及和别人交往合作。如果孩子在幼年的时候就遭遇性别的认同障碍，对性别的认同出现模糊，长大之后的性取向就很可能出现影响。

大力和小蕾是一对双胞胎兄妹，爸爸妈妈都注意到了对孩子的性别指导，同时还鼓励孩子向对方的优点学习。有一次家里的暖气管跑水了，大力表现得很勇敢，主动跑上前去堵住水龙头，爸爸妈妈高兴地表扬了他，还告诉小蕾要像大力学习。家里做卫生的时候，小蕾把桌子擦得干干净净，爸爸妈妈就告诉大力应该多向妹妹学习。两个孩子在这样的取长补短中快乐地成长着，大力吸取了女孩的优点，做事粗中有细；小蕾则吸取了男孩的优点，表现得落落大方。

像大力、小蕾他们父母这样的做法是可取的。性别没有优劣，但是各具特色，不论是男孩或是女孩，都应该在发挥自己性别优势的同时，注意向异性的优点学习，克制自己性格上的弱点，完善全面的人格。这种"双性化"的发展是在保留本性别固有的特征基础之上，糅合异性优秀特征的发展。

提倡"双性化"的教育，与让孩子认清自己的性别并不背离，提供给孩子与异性交流、玩乐的机会，使男孩在这个过程中学会关心体贴他人以及拥有细腻的情感世界，女孩则培养刚强的心理素质。不论男孩女孩，既能够认可自己的性别，又善于吸收异性的优点，这才是一种真正的性别平等教育。

## 建议二：抓住男性气质培养的关键期进行性别强化

我们成人世界中可能会有这样的体会：有些男人在家庭中没有任何地位。不管他们的工作有多努力，在外面多么受到别人的尊敬，但是一回到家里就会像个孩子一样，他们的妻子会为此伤透脑筋。

当女人们聚在一起聊天的时候，肯定会有类似的抱怨："我家里有两个孩子，其中一个是我丈夫。"因为对于妻子而言，优秀的丈夫能够承担家庭的责任，能够帮助她解决实际的问题。这些男人回到家往往就是盯着电脑，完全不把家庭事务放在心上，怎么会不让妻子感到恼火呢？

虽然这些妻子对丈夫颇有微词，但是对自己的儿子却宠爱有加，妈妈们不愿意让儿子分担家务，愿意给他最快乐的童年。可是对男孩来说，如果在年少时候就长在温室里，不懂得承担责任，可能到了成年之后，自己都无法对自己负责，那怎么会对妻子、对家庭负责呢？将来一定会有更多的妻子抱怨。

所以，父母要有意识把男孩训练得更加刚强，在以下几个方面应该有所注意：

### 1. 让男孩独立生活

父母要改变什么事情都替男孩包办的态度，而是要多给男孩自主的机会。无论是在生活中，还是在学习上，凡是应该男孩自己做的，父母一定要放手让他自己做，并坚持这样的原则：你能干的，我绝不替你干；你不会干的，我教你干；你让我干的，我考虑该不该干。

很多家长都有这样的认识误区：在生活方面都帮助男孩料理好，男孩只要把全部的精力放在学习上就好了。其实这种认识是错误的，因为男孩在生活中形成的依赖心理会阻碍学习过程中自强自立精神的形成，这也是形成孩子软弱性格的重要原因之一。

男孩在独立做事的过程中培养了解决问题的能力、对抗挫折和困难的意志，当遇到困难的时候就不会感到无所适从。而且，当男孩在进行劳动等实践的同时，一定会切身感受到父母的不容易，当这种感情升起之后，还会促进男孩更用心学习。因此，父母应该让男孩学会自己独立生活，交给他自己独立面对生活的勇气和能力，可以先从小事着手，比如：让男孩自己准备早点、夜间要自己上厕所，等等。这些看起来是小事，但对于培养男孩坚强、勇敢的品质是有益处的。

### 2. 让男孩成为强者

如果想让男孩坚强，就千万不要把他看作是弱者。只有他自己能立定脚跟的时候，他的意志才会坚定。

### 3. 让男孩增强自信心

培养男孩的自信心，天下没有十全十美的人，正在成长过程中的男孩更需要体验挫折的经历，家长应该鼓励男孩了解并发挥自己的特长，让他大胆尝试，享受成功。找到更多的理由表扬男孩，让他认识到自己的优点和长处。这样，当男孩遇到挫折的时候，他就不会一蹶不振，轻易放弃了。

### 4. 让男孩正确看待失败

当男孩遇到失败的时候，父母要帮助男孩找到失败的原因，和男孩一起分析遇到的问题，教会他从不同的角度看待事物，帮助孩子塑造良好的心理素质。

人的一生当中总会碰到自己无法控制的状况出现。作为家长在教会男孩正确对待失败的同时，还要让男孩做好心理准备。人生是因为充满了挑战才精彩的，失败中也包含着有益的因素，能克服失败的男孩就会得到更好的成长。

男孩进入青春期，心理比较复杂，他们会用自己的眼睛观察周围的世界，如果男孩的学习成绩不理想，家长又只关注孩子的学习，势必会使男孩形成自卑心理。因此，除了学习，家长还要关注孩子的其他方面。

具体来说，主要是以下几个方面：

第一，进行男子汉的独立性训练与培养。在家里，要将男孩当作真正的男子汉，给他独立做事的机会，让他独立思考自己面临的问题。

父母不要替男孩安排他学习和生活的细节，不应要求男孩唯唯诺诺，而应尽量教他学会自己拿主意、做决定。锻炼男孩的果断决策、组织和指挥别人的能力比什么都重要。

第二，父母应对青春期男孩给予尊重和理解。如果父母从不考虑男孩的感受，男孩就会感到在家里没有话语权，无处发泄心中的不满，慢慢地会变得沉默寡言。

第三，男孩应有自己的朋友圈。父母也应该尊重男孩的朋友，如果男孩带朋友回家，父母应该给予热情周到的欢迎，否则，男孩会感到自己在朋友中很没面子，渐渐地变得不善交际。

第四，要注意保护孩子的隐私。在这个阶段，男孩总喜欢有一些自己的小秘密，家长不应该偷看男孩的日记或其他私人物品。

第五，在这个阶段，男孩子的成长不能没有男性的教育，男孩喜欢模仿父亲的行为，他需要父亲的关注和爱护。

杜布森在 16 岁时，很多时候父亲都不在家，杜布森开始向母亲发脾气。他永远忘不了那个晚上，妈妈给爸爸打电话，妈妈大声说："我需要你。"使他惊奇的是，爸爸很快就把他们住的房子卖了，搬到南方的一个地方去当牧师，这样爸爸就可以和家人住在一起，一直到杜布森中学毕业。

这对爸爸来说是个巨大的牺牲，他在事业上从此一直没有更大的发展，但是他和妈妈都觉得，杜布森的健康成长比起他们眼前的工作来更为重要。在那几年里，杜布森本来有可能遇到更严重的麻烦，但是由于父母都在他身边，在他走向崩溃的边缘时，他们给了他最大的关心。

这个故事告诉了我们，父亲在男孩成长过程中的重要性。如果父亲的时间实在太少，至少可以找一些孩子喜欢的运动项目，并且将孩子托付给一些有爱心的男教练。

## 细节40　鼓励男孩多参加锻炼胆魄的运动

　　人类历史就是一部探险史，无论是早期的开疆扩土、古代的郑和下西洋，还是近代的新大陆发现之旅，当代的南极考察活动，都显示了人类勇敢进取的决心和无畏精神。

　　到了现代社会，最初由科学考察进行的探险开始发展成为探险爱好者的娱乐项目。郑和、麦哲伦、徐霞客们的身影已经远去，但是攀登世界高峰、走进无人区、深海探测、南极考察等种类繁多的野外探险吸引着许多冒险人士不断加入。

　　当代的探险活动已经淡化了原有的"地理发现"意义，而被赋予一种新的时代色彩，所以人们把它看作一种极限运动、一种前卫的生活方式：为了锻炼自己的意志、拓展更广阔的生活空间或是为了逃避现实生活的平淡。这就是民间探险活动赖以生存的土壤。也有人说，从新的角度考察人类探险的历史，就是在追寻像郑和下西洋的那种生活态度，这与我们的娱乐精神是一致的。

　　家长如果想让男孩感受人类最原始的生存探险，就与男孩携手开始一趟冒险之旅吧！

　　你们可以从探险这种娱乐项目中感受到历史的沧桑和自然的瑰丽：雅鲁藏布江大峡谷穿越、探源长江源头、徒步可可西里、罗布泊探秘……无不充满了想象和诱惑！

　　另外，当家长与男孩进行探险活动时，要注意以下几个问题：

　　1. 要注意天气。了解所要去区域历年（至少是10年内）此段时间内的天气变化情况。

2. 了解同行人是不是志同道合，是否有丰富的相关经验。

3. 要量力而行。没达到一定的水平，最好不要轻易登上海拔过高的山峰。

4. 对所要去地方的地域情况应该充分了解，并做好应对各种不测的准备。比如，登山时要做好雪崩、滑落等情况的紧急处理。

5. 除了要带足常用的药品外，还要有相应的急救药品，要掌握一定的急救方法。

6. 不能自发组织，一定要有相关资质单位带队，以保障安全。

7. 出发前一定要就近联系好相关救援人员，以应出现不测。

此外，为家长朋友们提供一份探险物品清单作为参考：

背包、帐篷、睡袋、电筒、毛巾、食品、水、内衣裤、御寒衣物、防风雨衣裤、登山鞋、太阳镜、防风镜、打火机、防潮火柴、瑞士军刀、卫生纸、地图、指南针、GPS（全球定位系统）、海拔表、照相机、望远镜、温度计、纸笔、创可贴、体温计、感冒药、止痛药、消炎药、外伤药、驱虫药、蛇药、现金、信用卡、身份证等。

## 建议一：让男孩野营——感受自然界的野性美

终日生活在钢筋水泥之中，男孩们无不向往到大自然去释放心绪。自助旅行、跋山涉水、结伴野营，这些他们都会喜欢。

男孩们拥有挑战自身极限的胆量、勇气和欲望，他们喜欢冒险——即使危险超出了想象。他们总是想："总有一天我要征服……"至于为什么，却可能找不出答案，甚至以为仅仅是为了寻求快乐。

美国作家海明威从小喜欢旅行，擅长捕鱼和狩猎。他按照自己的志愿参加过战场前线的救护队，在严酷的环境里，他学会了救死扶伤的一些基本生存常识和经验，为他以后的生命轨迹勾勒出一个基本的框架。

他每次出行都是孤身一人，而且一头扎进森林中好长时间也不出来。非洲的原始森林里，到处充斥着各种各样的危险，野兽出没，毒虫横行。海明威凭借着自己丰富的野外生存技巧，在危险的环境中磨炼自己的意志，以人类特有的睿智的头脑，挑战大自然的威胁，并从中领悟出很多道理。

海明威这些野外生存的经验，为他的创作提供了丰富的素材，他笔下塑造的硬汉子形象，对现代欧美文学产生了深远的影响。

在澳大利亚维多利亚州，青少年普遍要参加富有挑战性的活动，提高户外生存的知识和技能，如搭建野外生活营地帐篷，在地形复杂的海湾中航行等。

在美国得克萨斯州，青少年也喜欢在更多的户外教育活动中培养能力，如宿营、长途徒步旅行、定向、水上运动等。这些自主的培训，有效地锻炼了他们适应环境的能力、克服困难的能力以及积累生存的经验。

家长可在男孩参加野营时，提供以下建议供其参考：

1. 要提前一星期就开始注意该地区的天气情况，由此决定携带哪些衣服和装备。地图、指南针、无线通讯设备、水壶等是必备用品。

2. 如果想携带帐篷，那就一定要检查好所带的装备，如背包、睡袋等。

3. 生活用品应包括油、盐、铝制饭盒、折叠式炉灶、微型手电筒等。

4. 一般药品有：抗生素、镇痛药、抗疟疾类药品等。

5. 搭帐篷时要选一个平坦的地方。先扫去上面的石块和树枝，再铺上地毯。如果你觉得天气可能会下雨，可以在帐篷四周挖一条小沟以疏导积水。

6. 食物可以简单一些，但要充足，并放在容器内，以防止动物偷吃。

7. 水净化后再饮用或刷牙。

8. 应提前制定紧急计划，以防迷路。

9. 要将行程告诉其他人，并约定好在某些时间打电话，如果到时没有打，其他人就会知道你出事了。

10. 穿透气、防水的保暖衣物，如聚丙烯（易干、保暖）或羊毛衣物（不易干）。可以戴上手套、围巾和帽子，以保护手、头部和颈部。

11. 随身带上引火之物，如蜡烛等，还可以带一些火柴和火柴皮。

12. 如遇暴风雨，不要躲在树下或巨石下。

13. 如果不知道如何走回出发地，那就待在原地别动。

14. 如果想继续往前走，那就在身后留下痕迹，如拖着一根木棍。天黑时就不要再往前走，因为看不清道路。

15. 在背风处的高地找一个休息的地方，如洞穴、空心树洞、岩石等。记住，寒风会降低体温。要了解风向——山谷里白天风向上吹，夜晚风则向下吹。

16. 国际求救信号包括3种：呼喊、哨声和烟柱。准备好3堆木柴，如果听到救援人员的声音就点着；也可以用镜子或任何反光板对着飞机发信号。

17. 用火问题。出行时要携带一个以上火源，例如，打火机、防水火柴等。有条件最好携带野营气炉、气罐。从环保的角度，如非必须，勿生篝火。在营地生火时要留意营地是否是禁火区，如非生存需要请勿违规。要注意风向，不要把火堆放在帐篷的上风处，并与帐篷保持一定距离；离开时用水和土石压盖将火彻底熄灭，并检查是否还冒烟。

18. 用水问题。可在营区附近的溪瀑、江河、湖塘取水，但最好要取流动之水，要观察其污染情况。提示：缺水地区饮水要按计划分配饮用。除特殊情况外，在找到水源前绝不要把水饮尽；野外取水后，有条件的务必使水煮沸后（煮沸 5 分钟）再饮用；水中有大量泥沙时要使水沉淀 10 分钟以上；蚂蟥多的地区水一定要煮沸后饮用；有条件的可以带过滤器和净水药片以替代无法使用加热的情况；如在缺水地区长时间活动，应学习其他野外采水方法。

## 建议二：鼓励男孩独自旅行——在思考中上路

背起行囊，一个人走入大自然的怀抱，男孩不仅会体验到冒险、乐趣，而且能接受直接的教诲，得到惊人的洞察、视野与深度。

曾有人说："一个人可以坐在海边礁石上，用心聆听海浪声，拍击声，海鸥声……那一刻你会醒悟和明白很多原本想不通想不透的道理，对人生会有新的认识。"

去云南、西藏走走，一个人背着行囊拿着 DC（数字相机）非常惬意和浪漫，在异域中随便走走拍拍，吃吃玩玩，回家将相片整理出来，你会觉得真的收获颇丰。

如果男孩急需平静，远离生活的嘈杂和喧嚣，那么就鼓励男孩一个人背上行囊，奔赴一个安静的犹如红尘之外的地方。中国有很多古镇，江南一带小桥流水的恬适或者传统徽式建筑的沧桑或许都能把他带入他想要的心境。这时，乌镇、周庄、婺源、朱家角都是他的选择。乌镇看船，周庄看景，婺源看楼，朱家角看水。立于古老和文明之间，站在一片宁静的土地看喧闹的众生，当别有感触。

一个人的旅行需要勇气。不是每个人都甘心寂寞，除非他是为了探寻寂寞所能带来的快乐而旅行，又或者是为了在一种行走和奔波的旅途中感悟人生。

草原也是一个很好的选择。一望无际的博大和美丽总能让人感受到大自然的伟力，同时，男孩也可以更加了解自己的内心，因为从自然中所得到的启迪是人类内心最好的医伤良药……

家长应告诉男孩，独自旅行时要注意以下几点：

1. 周密的旅游计划。即事先要制订时间、路线、膳宿的具体计划和带好导游图（书），有关地图及车、船时间表及必需的行装。

2. 外出旅游要带上一些常用药，做到有备无患。

3. 备用应急物品，以轻便、实用为原则。气体打火机（防风火机更好），用于照明、生火煮食；多用小刀；细尼龙绳5～10米，捆绑物品、晾晒衣物、扎营等；小型指南针，在荒野山林失去方向时用；手电筒和哨子，遇险发信号联络用；高锰酸钾一小瓶，既可消毒用，又可作引火燃料；药棉若干，擦洗和包扎伤口用，也可作引火物；丝巾一块，既可防风保暖，又可用于包扎伤口和作止血带；有盖铁皮罐一个，可作为饮具煮食，还可用其盖反射日光发信号。

4. 钱要分散放好，如有全国通用银行磁卡最好带上。

5. 讲文明礼貌。任何时候、任何场合，对人都要有礼貌，事事谦逊忍让，自觉遵守公共秩序。

6. 注意卫生与健康。旅游在外，品尝当地名菜、名点，无疑是一种"饮食文化"的享受，但一定要注意饮食饮水卫生，切忌暴饮暴食。

7. 警惕上当受骗。与陌生人"萍水相逢"时，切忌轻易深交，以防上当受骗。

8. 爱护文物古迹。旅游者每到一地都应自觉爱护文物古迹和景区的花草树木，不任意在景区、古迹上乱刻乱涂。

9. 尊重当地的习俗。我国是一个多民族的国家，许多少数民族有不同的宗教信仰和习俗忌讳。俗话说："入乡随俗。"在进入少数民族聚居区旅游时，要尊重他们的传统习俗和生活中的禁忌，切不可忽视礼俗或由于行动上的不慎而伤害他们的民族自尊心。

10. 注意旅途安全。旅游有时会经过一些危险区域景点，如陡坡密林、悬崖蹊径、急流深洞等，在这些危险区域，要尽量结伴而行，千万不要独自冒险前往。

## 建议三：教男孩攀岩——最优美的男性极限运动

飞檐走壁是每个男孩年少时的梦想，一步步攀上绝顶，没有恐惧，有的只是惊悸的满足，非凡的体验……

它要求人们在各种高度及不同角度的岩壁上，连续完成转身、引体向上、腾挪甚至跳跃等惊险动作，集健身、娱乐、竞技于一身，是一项刺激而不失优美的极限运动，被人们称为"峭壁上的芭蕾"。

攀岩运动是脱胎于登山运动的一项新兴极限运动。20 世纪 50 年代起源于苏联，军队开始把单独的攀岩活动作为训练科目。到 70 年代，攀岩在欧洲成为一项竞技体育运动。根据比赛内容的不同，可分为难度攀岩和速度攀岩两种。根据比赛场地的不同，又可分为户外攀岩和室内攀岩两种。

80 年代初，攀岩运动从北美进入我国，开始时主要是作为中国登山协会的训练内容，以后渐渐在民间流行起来。如今，各地的一些大学已组织了登山、攀岩协会，许多热衷户外运动的年轻人也自发组织了民间户外俱乐部，每到周末或节假日他们就背起背包到山里去攀登自然岩壁。

攀岩一般可分为两种：

一为徒手攀登，又叫自由攀登，完全依靠四肢攀爬，工具只作为防护之用。

一为人工攀登，每一步都须借助岩楔和其他器具辅助方能完成，一般攀登者均不将此种攀岩列入攀岩的实力分级范围。

徒手攀登又可分为：抱石、上方确保、先锋攀登与独攀等四种方法。其中抱石及上方确保两种属于练习时使用，正式的攀岩是后两种。

抱石是攀岩训练的基础，主要学习如何抱稳岩石以利行进。

上方确保法是在岩壁上方另有人员以绳索协助攀岩者并确保其安全，即使不慎坠落，也能在千钧一发之际被拉住，所以是最安全的爬法。

先锋攀登是最正统的爬法，攀岩者必须依靠自己的双手一面攀爬，一面以绳索、岩钉或岩楔确保安全，以防坠落。

独攀是一种单打独斗式的玩命爬法，一不小心失足坠落，受伤几率相当大。

攀岩的装备不可少，包括：头盔、手套、岩鞋、粉袋、登山用绳索、安全吊带、挂钩、岩钉与岩锤、绳镫、登降器、下降器、确保器。

攀岩有一定的技巧要求，比如姿势、动作和手脚的配合。

身体姿势：攀登岩石峭壁时身体要自然放松，以3个支点稳定身体重心，而重心要随攀登动作的转换移动，这是攀岩能否稳定、平衡、省力的关键。要想身体放松就要根据岩壁陡缓程度，使身体和岩壁保持一定距离，靠得太近，会影响观察攀岩路线和选择支点。但在攀登人工岩壁时要贴得很近。在攀登自然岩壁时，上、下肢要协调舒展，攀岩要有节奏，上拉、下登要同时用力，身体重心一定要落在脚上，保持面向岩壁、三点固定支撑、直立于岩壁、三点固定支撑、直立于岩壁上的攀登姿势。

手臂的动作：手臂如何用力，在人工岩壁攀登和自然岩壁攀登时情况不同，前者要求第一指关节用力抠紧支点的同时，手腕要紧张，手掌要贴在岩壁上，小臂也要随手掌紧贴岩壁而下垂，在引体时，手指（握点）有下压抬臂动作，其动作规律是：重心活动轨迹变化不大，节奏更为明显。但攀登自然岩壁时其动作就变化很大，要根据支点不同采用各种用力方法，如抓、握、挂、抠、扒、捏、拉、推压、撑等。

脚的动作：脚的动作要领是，两腿外旋，大脚趾内侧贴近岩面，两腿微曲，以脚踩支点维持身体重心，在自然岩壁支点大小不一和方向不同的情况下，要灵活运用。但要切记，膝部不要接触岩石面，否则会影响到脚的支撑和身体平衡，甚至会造成滑脱而使膝部受伤。另外，在用脚踩支点时，切忌用力过猛，并要掌握用力的方向。

手脚配合：对初学者来说，上肢力量显得更为重要，攀登时往往是上肢引体，下肢蹬压抬腿而移动身体。如果上肢力量差，攀登时就容易疲劳，表现为手臂无力，酸疼麻木，逐渐失去抓握能力。失去抓握能力后，即使有好的下肢力量，也难以继续维持身体平衡。所以学习攀岩，首先要练好上肢力量，上肢又要以手指和手腕、手臂力量为主，再配合以脚腕、脚趾以及腿部的力量，使身体重心随着用力方向的不同而协调地移动，手脚动作的配合也就自如了。

攀岩前也要做好应对意外的准备。

攀岩前应注意天气，如已经下雨，除非确知马上放晴，否则应等雨停再爬，但如是沾水会变滑的岩质，不如干脆作罢。若在攀登中遇雨则在原位等待，如时间不允许则必须马上决定继续往上爬或下来，原则上是往安全地方移动。

其次，攀登时如遇打雷，则须先将身上金属器物取下放置一边，须远离岩壁，千万不可躲入岩缝中。攀岩活动最危险的是落石，落石有自然落石和人为落石。自然落石多发生在春末雪将融尽时节，较易发生于人迹常至之处。落石在中途常因碰撞以致下坠路径不稳定，随时都有向自己冲来的危险。因此在落石发生时，须一面看清落石飞下的路线，一面环顾周围有无躲闪的处所，先做好心理准备，以便从容躲避，千万不可将身体缩成一堆作听天由命状。先锋人员在攀登时，如发现落石，也应随时警告后面的人。

攀登中如遇意外，需要同伴救助时，可发出求救信号，其传达工具为哨子或光线，每分钟吹 6 次或闪 6 次光线，然后休息 1 分钟，再反复 1 分钟 6 次的信号；回答信号为 1 分钟 3 次，休息 1 分钟再回答，如此反复 3 次。这种信号是全世界通用的求救方式。

# 细节 41　怎样塑造男孩的阳刚之气

　　美国前总统约翰·肯尼迪的父亲从小就注意对儿子独立性格和精神状态的培养。有一次他赶着马车带儿子出去游玩。在一个拐弯处，因为马车速度很快，猛地把小肯尼迪甩了出去。当马车停住时，儿子以为父亲会下来把他扶起来，父亲却坐在车上悠闲地掏出烟吸起来。

　　儿子叫道："爸爸，快来扶我。"

　　"你摔疼了吗？"

　　"是的，我自己感觉已站不起来了。"儿子带着哭腔说。

　　"那也要坚持站起来，重新爬上马车。"

　　儿子挣扎着自己站了起来，摇摇晃晃地走近马车，艰难地爬了上来。

　　父亲摇动着鞭子问："你知道为什么让你这么做吗？"

　　儿子摇了摇头。

　　父亲接着说："人生就是这样，跌倒、爬起来、奔跑、再跌倒、再爬起来、再奔跑。在任何时候都要全靠自己，没人会去扶你的。"

　　从那时起，父亲就更加注重对儿子的培养，如经常带着他参加一些大的社交活动，教他如何向客人打招呼、道别，如何与不同身份的客人交谈，如何展示自己的精神风貌、气质和风度，如何坚定自己的信仰，等等。有人问他："你每天要做的事情那么多，怎么有耐心教孩子做这些鸡毛蒜皮的小事？"

谁料约翰·肯尼迪的父亲一语惊人："我是在训练他做总统！"

美国陆军精神病学顾问阿伯斯说："大部分人不知道自己到底有多么勇敢。事实上，许多人都有隐藏的英雄本色，但他们缺少自信，所以虚度一生。如果他们知道自己有深藏的资源，就一定能帮助自己解决问题，甚至解决重大的危机。"

在《亮剑》里，李云龙用了一句令人动容和振奋的话对男子汉进行了总结：即使倒下，也要成为一座山，一道岭。

在李云龙独立团与日军的白刃战中，日军士兵的身高虽普遍矮小，但长得粗壮敦实，肌肉发达，脸上都泛着营养良好的油光，无论是突刺还是格挡，手臂上都带着一种训练有素的爆发力。相比之下，八路军战士身体单薄，脸上也呈现出营养不良的菜色。不过，独立团的战士身上有一种特殊的气质，就是出手有力果断，有种敢和敌人拼命的劲头，一出刺刀就痛下杀手，很少使用格挡等自保的方式，招招都有要和对手同归于尽的意思。

这是《亮剑》中的一个镜头。

在硬碰硬的肉搏战中，食物短缺严重、营养不良的独立团战士和身体健壮训练有素的日军对决，敌我身体素质悬殊非常大，但是李云龙和他的战士们凭着敢和敌人拼命的劲头硬是让日军全军覆没了。勇者无敌，当遭遇困境时，不寻找借口和理由来逃避，只要拥有一点点勇气，整个世界就会变得不一样。对此，哈佛心理学教授乔治·桑比那曾说："勇敢的精神，是一个人最不可缺失的元素。因为人类哪怕每一个微小的进步，都需要勇气作为先导。"

地位、声望、财富、鲜花……这些美好的东西都是给勇于尝试的人准备的。一个被恐惧控制的男孩是无法成功的，因为他不敢尝试新事物，不敢争取自己渴望的东西，自然也就与成功无缘。家长要让男孩明白，面对挫折和失败时，胆怯、逃避是毫无用处的。鲁迅先生曾说："人生的旅途，前途很远，也很暗。然而不要怕，不怕的人的面前才有路。"只有直面恐惧，不怕冒险，才能打破恐惧，走向成功。

## 建议一：是否"像"男子汉并不重要

真正的男子汉什么样？腹部有厚实的肌肉、腮上布满密密的胡子茬的"肌肉男"就是男子汉了吗？这显然是一种肤浅的认识。男孩能否成为一名真正的男子汉并不是仅观其外表，更重要的是他的内在。

一个男孩，如果仅仅拥有粗犷豪迈的外貌，而没有一颗独立、勇敢、自信的心，是不能成为真正的男子汉的。

生活中，不少父母专注于男孩的"面子"问题："头发留短点儿，那么长，一点儿都不爷们儿"；"小姑娘才穿花衣服呢，男孩子不能挑这么艳的"；"男孩少玩跳皮筋，那是女孩才玩的"……确实，这样教育出来的男孩个个看起来都很"爷们儿"，可是，男孩们的"里子"却未必如父母想的那样阳刚。

其实，父母在教育孩子时，不知不觉打击到了男孩骨子里的男子汉精神气儿——自尊和自信。大家都不自觉地把孩子看作"我的孩子"，认为孩子是属于自己的，没有意识到孩子其实是一个独立的人。而社会也大多认同和支持这种观念。我们常常看见

有的父母将孩子的过失或成绩，都一股脑儿地和自己混为一谈
——孩子取得成绩时说"你给爸爸长脸了"；孩子在外表现不佳时
又说"你可把我的脸给丢尽了"。

简简单单的两句话就足以摧毁男孩那小小的自尊和自信了。
男孩也有独立的人格、尊严和决定自己未来的权利，要培养男孩
的自尊与自信，就必须允许男孩有不同的观点、看法。

在培养孩子自尊和自信方面，家长可以进行以下的尝试：

### 1. 让孩子穿自己的衣服

在孩子的穿着方面，不应让孩子穿姐姐或哥哥穿过的衣服。
即使家境不佳，最好也不要这样做，因为这样会严重地损害孩子
的自尊心。

### 2. 信任你的孩子

为了使孩子能自重，必须信任他们。无论是大人还是小孩，
受到别人的信任就能自我尊重。管束孩子不许干这个，不许干那
个，不如信任他们、耐心地说服他们更为有效。我们如果把孩子
当坏人对待，他就可能成为坏人。

### 3. 不要试图让孩子怕自己

社会上还有这样的父母，为了使孩子容易管教，故意让孩子
怕自己，这也会使孩子变成懦夫。这样的父母，会把孩子造就成
一个失败者，因为一个怯懦者想在这个社会中获得成功是非常困
难的。如果孩子和你顶嘴，你应该感到高兴，因为那意味着他长
大了，有了独立思想和反抗意识。

### 4. 不要让孩子常说一些消极的话

不可让孩子说消极的词汇，如"不能做"。常说这句话的孩子绝不会成为有出息的人。为了对孩子灌输进取、勇敢的精神，最好给他们讲述伟大人物善忍耐的故事。

### 5. 不要包办孩子的事情。

多数母亲认为孩子这也不能做，那也不能干，一切都包办代替，结果使多数孩子对自己的能力缺乏信心。

### 6. 乐于回答男孩的问题

男孩是有好奇心的，对他们经常提出的许多问题应予以回答。男孩提出各种问题，是令人厌烦的，并且解答是很费事的。然而，做父母的决不可拒绝或者逃避男孩的问题。

提问是男孩获取知识的途径，应充分地利用它向男孩传授知识。若遇到自己也不懂的问题，可以问问别人，也可以经过研究之后再解答。

### 7. 绝对不应欺骗男孩

欺骗男孩，被他们知道了，他们就不会再相信父母了。父母失掉了男孩的信任，其后果是不堪设想的。

男孩受到戏弄，就容易变成不知羞耻的人，变得粗暴。社会上由于小时候受到父母的戏弄，以后成为罪犯而入狱者大有人在。

总之，我们应该采取正确的方法培养男孩的自尊和自信。因为只有自尊和自信的人，才能够正视自己的价值，既不妄自菲薄、自暴自弃，也不随意放任自己。这样的男孩，才是真正的男子汉。

## 建议二：锻炼男子汉的强健体魄

英国有一位著名的现实主义戏剧家，小时候，父亲对他说："孩子，以我为前车之鉴吧！我干的事，你都不要学呀！"原来，他父亲喜欢乱吃，一顿吃大量的肉，喝酒很凶，整天抽烟，而又不运动。他听了父亲的话，在生活上非常有规律，不吸烟，不喝酒，不吃肉，连茶和咖啡也不喝，而以粗面包和蔬菜为主。同时，他一生都坚持体育锻炼。

他就是肖伯纳，活到了 94 岁的高龄。

他每天很早就起身，天天洗冷水浴、游泳、长跑、散步。他还喜欢骑自行车、打拳。70 多岁的肖伯纳曾和当时世界著名的运动家、美国人丹尼同住在波欧尼岛上的一家旅馆里，每天他俩的生活表是一样的：起床后洗冷水澡，接着是一段数里的长途游泳，然后躺在海边进行日光浴，还要一起长途散步。

晚年的肖伯纳成为一个热烈的太阳崇拜者。他整个冬天差不多都在法国的里维拉或意大利度过，在那里进行日光浴。他故乡的花园里，有一间可以旋转的茅屋，使他每天都可以得到充足的阳光。他常说："医生不能治病，只能帮助有理性的人避免得病而已。人们倘若正规地生活，正当地饮食，就不会有病。"

运动和健康的生活方式给了肖伯纳一个健康的体魄，保证了他的生命质量。父母培养阳刚男孩也要注意引导孩子去锻炼身体，坚持运动。

生命在于运动，运动不但能练就健康的体魄，还是一项有益心灵的活动。因此父母要引导孩子锻炼身体。怎样引导男孩养成运动的习惯呢？要从以下几点做起：

### 1. 制订计划，科学安排

要男孩给自己制订一个锻炼身体的计划，列出锻炼的时间表。要在计划里明确锻炼的目标和内容，规定锻炼的次数和时间，如规定每天早上 6 点起床做操或跑步，每天下午放学后打球或下棋，等等。在制订计划时要从自己的实际出发，合理安排，循序渐进。

运动量要由小到大，逐渐增加；动作由简单到复杂，由易到难，使自己的身体有个逐渐适应的过程。制订计划时，在考虑到自己的兴趣、特点的基础上，还应坚持各种运动项目的全面锻炼，使自己在力量、速度、灵敏度、耐力等方面都得到提高，使机体各器官系统的形态和生理功能得到均衡和全面的改善。在男孩制订体育锻炼计划时，父母要给予中肯的意见和建议。

### 2. 持之以恒，养成习惯

为了增强身体素质，大概每个人都曾经设想过要好好锻炼身体。但是，"三天打鱼，两天晒网"的锻炼习惯不仅没有使体质得到根本的改变，反而逐渐养成了做事一拖再拖、说话不算数的坏习惯。要获得好的锻炼效果，"三天打鱼，两天晒网"是不行的，必须长期坚持，养成每天锻炼身体的好习惯，才能从锻炼中收到很好的效果。

因此，在男孩有了锻炼身体的计划后，关键是要落实好计划，这就需要做到两点：一是自身要有坚强意志，要有坚持到底的毅力，不要因为学习忙没时间、体育锻炼太苦太累、锻炼成效不大就半途而废；二是可请老师、同学、家长定期或不定期督促自己去落实体育锻炼计划。

### 3. 课外时间，充分利用

室内新鲜空气少，长时间地学习会增加大脑的负担，因此要多到室外活动，如下课时到操场上走走，晚饭后孩子和父母外出散步，假日里到郊外踏青等。周末或者晚上，可以多到户外去锻炼，和爸爸妈妈一起打羽毛球、散步，或者利用小区里的健身器材活动一下，既可以锻炼身体，又增加了和父母沟通的机会。

根据运动专家的研究发现，性格和运动也有很密切的关系。父母要让孩子根据自己的性格选择适合他们自己的运动。

### 1. 孤僻型男孩

这类男孩应少从事个人化的运动，多选择足球、篮球、排球以及接力跑、拔河等团队运动项目。坚持参加这些集体项目的锻炼，能增强自身活力和与人合作精神，逐渐改变孤僻性格。

### 2. 多疑型男孩

可选择乒乓球、网球、羽毛球、跳高、跳远、击剑等体育运动项目。这些项目要求运动者头脑冷静、思维敏捷、判断准确、当机立断，任何多疑、犹豫、动摇都将导致失败。

### 3. 紧张型男孩

这些孩子要克服性格缺陷，应多参加竞争激烈的运动项目，特别是足球、篮球、排球等比赛活动。因为赛场上形势多变，紧张激烈，只有冷静沉着地应对，才能取得优势。若能经常在这种激烈的场合中接受考验，遇事就不会过于紧张，更不会惊慌失措，从而给工作和学习带来好处。

### 4. 胆怯型男孩

有的人天性胆小，动辄害羞脸红，性格腼腆。这些人应多参加游泳、溜冰、拳击、单双杠、跳马、平衡木等活动项目。这些活动要求人们不断地克服胆怯心理，以勇敢、无畏的精神去战胜困难，越过障碍。

### 5. 急躁型男孩

要克服这类人的缺陷可选择下象棋、打太极拳、慢跑、长距离散步、游泳及骑自行车、射击等运动强度不大的活动项目。

另外，下面提到的两个时间段是不宜锻炼的，父母要记得告知孩子：

第一，情绪不好时。人的情绪直接影响人体机能的正常发挥，进而影响心脏、心血管及其他器官。不良的情绪会抵消锻炼带给身体的健康效果，甚至产生负面影响。

第二，进餐后。这时较多的血液流向胃肠道，以帮助食物消化吸收。餐后立即运动会妨碍食物的消化，时间一长会招致疾病；体质较弱的人餐后立即运动会导致血压降低，被称为进餐后低血压；另外，患有肝、胆疾病的人此时锻炼还会加重病情。因此，饭后最好静坐或半卧30～45分钟后再到户外活动。

## 建议三：过犹不及——别让男孩成为施暴者

12岁的肖勇所在学校里有个叫张健的"小霸王"，留过两次级，比班里同学都高大，总找茬儿敲诈同学的钱、和同学打架，专门欺负弱小的同学和新同学。有一天放学后，肖勇就被张健给拦住了，他高高大大的身体往肖勇面前一站说："喂，借我100块钱花花，怎么样？"肖勇有些害怕了："我没有钱。""没有钱就回家去取！明天不把钱交给我，就叫你尝尝我的厉害！"张健说着，狠狠地在肖勇的肩膀上捶了一拳。

肖勇的遭遇并不鲜见。校园暴力是一个我们不愿意面对却又无法回避的现象，几乎在每个校园，都有校园暴力的存在。一份关于中小学生安全意识的调查报告显示，有多达31.8％的中、小学生曾被人踢打或恐吓索要金钱，其中24.9％的中、小学生"偶尔"或"经常"遭受被别人的踢打，6.9％的中、小学生"偶尔"或"经常"遭受恐吓索取金钱。

这种情况，学校也无法给出能起到实质作用的解决方法。学校里强壮的孩子欺负弱小的孩子的事情，时有发生。不一定是出于勒索的目的，也许仅仅是一个男孩看另一个孩子不顺眼，就会纠集几个伙伴把这个孩子围到厕所或车棚里，暴打一顿。被揍的孩子往往无力回击，也不会选择告诉老师、告诉家长——告诉了也没用，甚至会招来这些"小暴徒"的报复。于是，他们中不少人选择了沉默，一个人默默承受校园暴力带来的惊恐和忧惧。

受欺侮的孩子心灵会蒙上阴影，有相当比例的人即使成年、老去，也无法从屈辱的感觉中走出来。甚至有些脆弱的孩子，会为此选择自杀。

校园暴力毒害深远，必须根除。家长们可能想不到，根除校园暴力的力量，就在你的手中。当我们提到校园暴力时，家长们第一个反应是：我的孩子会不会也是受害者？大家没有意识到，还有一种可能就是，你的孩子可能是一个施暴者。

有的家长会说：怎么可能？我的儿子这么乖，平时很有礼貌，在家也很听话，他绝对不是坏孩子。男孩天性中有对力量的崇拜，雄性激素让他们对自己拥有控制力这件事情充满了愉悦的感觉。对承受方、那些弱小的孩子来说，校园暴力是一种折磨；而对施与方、那些健硕的男孩来讲，校园暴力更近乎一种游戏。在这个游戏中他们体会到了作为男性的力量，他们沉醉在对他人的控制中享受尊崇感，因而对这种损人不利己的行为十分着迷。

家长要让男孩明白，恃强凌弱的做法，不论是在肉体上还是在精神上都会给他人带来难以忍受的折磨。作为一个人，应该有悲悯的心灵，我们要用这双手来做有益的事情，为他人带来关爱，而不是无情的伤害。

事实上，这世上最有力的并不是拳头，而是心灵。回溯人类的历史，没有哪个强者的拳头能让另一个人低头——没有哪个国王，是靠充满暴戾之气的双手为自己加冕的。真正能征服他人的，是人性的魅力、深邃的智慧以及无与伦比的勇气。

一些家长甚至会为自己的孩子能欺负其他孩子而感到骄傲，认为"这样的孩子长大了才有出息呢"。对一个孩子来说，恃强凌弱欺侮他人确实也是一条生活之路，但是这条路，往往不是通向成功之顶，而是堕落之地。甚至会有男孩会沿着这条路，一直走到牢房。

　　在男孩的心中装满爱，而不是暴力，这样的男孩，才能成长为让大家心服口服、甘心追随的男子汉。

# 细节 42  男孩的成长不可能 "零风险"

家长总希望自己的孩子一生能安稳度过，不愿意孩子受一点儿委屈。事实上，有挑战才能有成长，有磨砺才能变坚强，没有"零风险"的成长。

孩子在学习过程中遇到失败是难免的，而面对孩子的失败，往往最难受的就是父母，他们对孩子的失败比对自己的失败更加痛苦，有些家长往往采取掩盖和安慰的方法去让男孩逃避失败。殊不知，他们这种害怕孩子失败的心态，可能会导致孩子一蹶不振，毁了孩子的未来。

每个男孩都渴望成功，但由于年龄小、能力有限、经历和经验缺乏以及各种因素的影响，难免会遭受失败和挫折。一次小小的失败，对成人来说是微不足道的，对孩子来说却是一个不小的打击。

在我们的生活中，有许多这样的孩子，他们本来拥有聪明的头脑，以前也曾是全班甚至全校的尖子生，但往往因为一次考试不理想或是老师某一句话对他的打击，就变得消沉起来，学习成绩下降、上课精力不集中，甚至是逃学。在这种心态的影响下，这样的孩子就可能变得精神委靡，消沉慵懒，做事没劲头，完全一副颓废的模样。这种心态如果得不到调整，他的一生就只能是碌碌无为，不敢面对一点困难。

是什么原因导致我们的孩子如此脆弱呢？教育专家指出：是

家长"规避风险"的教育方针。在这样的环境里，包围他们的是一片表扬、赞叹之声。在这些声音中长大的男孩变得过分要强，他们就像温室里的花朵一样，经不起一点风雨。稍遇挫折，便把它看成是拿破仑的滑铁卢，从此一蹶不振，彻底丧失了勇气和信心。

现在父母们面临的最大挑战，就是如何让孩子直面成长过程中的风险因素，孩子即使失败了仍然要去鼓励和支持他。每个家长都希望孩子能获得更多的成功，从中体验竞争和胜利带来的快乐。但是，任何成功都来之不易，需要不断进取和努力，更需要面对挫折和困难。

人们希望事事成功，然而，在现实生活中，常胜将军是没有的，在人生的道路上，失败是难免的。这是因为客观事物是纷繁复杂而又不断地发展变化的，关键问题就是尽量少些失败，多些成功，以及如何勇敢地面对失败。男孩如果没有经受过失败的痛苦，就往往不能以正确的态度对待失败。因此，父母应尽早训练男孩在成长中直面风险的勇气。

父母要告诉男孩失败在人生的道路上很难避免，让男孩在思想上要有准备，如果准备好，失败就会小，即使遇到失败也容易承受，将失败的损失降到最低程度。鼓励男孩勇于承担风险，如果男孩总是躲避风险，他就会缺乏自信心，因为躲避风险会使他无法获得真正成功的感觉。那么，就鼓励他去做以前从未做过的事，在成功中寻找自信。对男孩的尝试要多加赞扬。

## 建议一：冒险是一种深层的立体思维

家长们往往不赞同男孩冒险，认为冒险会给男孩带来意外的伤害。对于家长而言，没有什么是比看到心爱的孩子受伤害更难过的事情了。对于冒险的问题，家长没必要看得如此悲观。冒险，是一种深层的立体思维，它能给孩子带来的，不仅仅是伤害。

有一天，龙虾与寄居蟹在深海中相遇，寄居蟹看见龙虾正把自己的硬壳脱掉，只露出娇嫩的身躯。寄居蟹非常紧张地说："龙虾，你怎可以把唯一保护自己身躯的硬壳也放弃呢？难道你不怕有大鱼一口把你吃掉吗？以你现在的情况来看，连急流也会把你冲到岩石上去，到时你不死才怪呢？"龙虾气定神闲地回答："谢谢你的关心，但是你不了解，我们龙虾每次成长，都必须先脱掉旧壳，才能生长出更坚固的外壳，现在面对的危险，只是为了将来发展得更好而做出准备。"寄居蟹细心思量一下，自己整天只找可以避居的地方，而没有想过去冒险，整天只活在别人的保护之下，难怪永远都限制自己的发展。

冒险可以给男孩带来一些全新的体验，一些男孩所未知的领域的体验，可以说，冒险的体验正是男孩生活中进步和快乐的本源，因此对于未知的事物完全不必心怀恐惧，也不必费心做那种无谓的尝试，试图把生活中的方方面面都规划好。如果家长想让男孩的生活丰富多彩，那么就应鼓励孩子勇于冒险，让他的生活多一些意外，多一些弹性。

事实上，无论是男孩的学习，还是他的生活，如果总是重复同一个内容，他又怎么能有新的收获呢？父母应该清楚，生活并不是可以预先设计的，所以对于不可预知的未来，我们没有必要担心惧怕，我们应该具有敢为人先的冒险精神，打破规矩，突破闭锁，去体验冒险带来的快乐。

生活中的每一个角落都存在着风险的可能，除非我们永远扎根在原地不动，但那也不可能保证一生的风平浪静。

自有文字记载以来，冒险总是和人类紧紧相连。虽然火山喷发时所产生的大量火山灰掩埋了整个村镇，虽然肆虐的洪水冲走了房屋和财产，但人们仍然愿意回去继续生活，重建家园。飓风、地震、台风、龙卷风、泥石流以及其他所有的自然灾害都无法阻止人类一次又一次勇敢地面对可能重现的危险。

有一句老话叫作"一个人不懂得悲伤，就不可能懂得欢乐"。同样，我们也可以说"没有冒险的生活是毫无意义的生活"。事实上，我们总是处在这样那样的冒险境地，因为我们别无选择。

我们在这个世界上生存，未来的世界是我们的，我们必须去开拓和探索，这是生存的使命！能在惊涛骇浪中生存下来的，他的人生一定不同凡响！

谁能用80美元环游世界？这在99％的人听来都觉得是不可能的，但是罗伯特做到了。

罗伯特·克利斯朵夫是一位熟练的摄像师，在他年轻的时候，他像许多青年人一样，喜欢读科幻小说。当他读完儒勒·凡尔纳动人的科幻小说《八十天环游地球》后，他的想象力和内心潜在的勇气被激发了。

罗伯特告诉朋友："别人用80天环绕地球一周，现在我为什么不能用80美元环绕地球一周呢？我相信如果我有足够的勇气，任何地方我都可以到达。也就是说，如果我从我所处的地方出发，我就能到达我所想要到达的地方。"

"我想，别的一些人能够在货轮上工作而得以横渡大西洋，再搭便车旅行全世界，我为什么就不能呢？"

朋友笑着说："你的想法太天真了！"

罗伯特没有理睬他们的嘲笑，而是从他的衣袋里拿出自来水笔，在一张便条上列了一个他所能想到的在旅途中将会遇到的困难表，并仔细地记下准备怎么去着手解决每个困难的办法。

罗伯特没有拖延一分钟，他开始行动了。

他先和经营药物的查尔斯·菲兹公司签订了一份合同，保证为这家药物公司提供他所要旅行的国家的土壤样品。他又想办法获得了一张国际驾照和一套地图，条件是他提供关于中东道路情况的报告。他四处奔波，让朋友设法替他弄到了一份海员文件，并且获得了纽约有关部门开出的关于他无犯罪记录的证明。为了旅行，他想得很周全，甚至为自己准备了一个青年旅游招待所的会籍。

最后他又与一个货运航空公司达成协议，该公司同意他搭飞机越过大西洋，只要他答应拍摄照片供公司宣传之用。

只有26岁的罗伯特完成了上述计划，他在衣袋里装了80美元，便乘飞机和纽约市挥手告别，开始了他80美元周游世界的梦想。

在加拿大的纽芬兰岛甘德城，罗伯特吃了第一顿早餐。他不能用他可怜的80美元来付早餐费，那么他是怎样做的呢？他给厨房的炊事员照了相，大家都很高兴。

在爱尔兰的珊龙市，罗伯特花4.8美元买了四条美国纸烟。罗伯特深知，在许多国家里纸烟和纸币作为交易的媒介物是同样便利的。

从巴黎到了维也纳，精明的罗伯特送给司机一条纸烟作为他的酬资。从维也纳乘火车，越过阿尔卑斯山，到达瑞士，罗伯特又把四包纸烟送给列车员，作为他的酬谢。

在叙利亚首都大马士革，罗伯特热心地给当地的一位警察照了相，这位警察为此感到十分自豪，命令一辆公共汽车免费为他服务。伊拉克特快运输公司的经理和职员特别喜欢罗伯特为他们照的相。作为感谢，他们邀请罗伯特乘他们的船从伊拉克首都巴格达到伊朗首都德黑兰。

在曼谷，罗伯特向一家极豪华的旅行社经理提供了一些他们急需的信息——一个特殊地区的详细情况和一套地图。他为此受到了像国王一样的招待。

最后，作为"飞行浪花"号轮船的一名水手，他从日本到了旧金山。

罗伯特·克利斯朵夫用 84 天周游了世界，并且他所有的旅资加起来只有 80 美元。

简直不可思议，80 美元合成人民币估计还不够一个男孩一个月的生活费，怎么可能把世界环游一遍？就算不吃、不喝，那也撑不下来，但是，罗伯特进行得是如此顺利。难道罗伯特没有想到这一程会有很多可能的风险吗？他想到了，正因为他想到了所以他才会去冒险，用冒险来给自己的人生加色加味。

显然，在这次冒险中，罗伯特充分调动了自己的聪明才智，全面调配了身边的各种可用资源，才获得了旅行的成功。这是一种胆识，这是一种智慧，这更是一种我们的孩子所缺少的综合能动性。

我们的男孩整日躲在挡风挡雨的温室里，恐怕还不知道冒险的滋味吧。冒险可以培养青少年的勇气、适应能力、解决问题的能力，而且还可以收获许多在温室里学不到的东西，冒险是男孩应该选择的活动。

## 建议二：只要去做，没有不可能——这句话要经常对男孩提醒

现实是此岸，理想是彼岸，中间隔着湍急的河流，行动则是架在河上的桥梁。只有行动才出现结果，行动创造了成功。任何一个伟大的计划和目标，都要靠行动来实现。

成功的人士肯定懂得这样的格言："我们要明白一点：拖延、迟缓无异于死亡。""整个事件成功的秘诀在于，"阿莫斯·劳伦斯说过，"我们形成了立即行动的好习惯，因此才会站在时代潮流的前列；而另一些人的习惯是一直拖沓，直到时代超越了他们，结果他们就被甩到后面去了。"

对于一个踌躇满志、梦想成就一番事业的男孩而言，只要做了，几乎一切皆有可能。但是事实是，很多男孩都有拖延这种也许是最具破坏性、也是最危险的恶习。拖延会使男孩丧失进取心，一旦开始遇事拖拉，他就很容易再次拖延，直到它们变成一种根深蒂固的恶习。可悲的是，拖延的恶习也有累积性，唯一的解决良方，很明显的，正是行动。当男孩真的放手去做时会惊讶地发现，他正迅速改变自己和自身的状况。正如英国首相及小说家本杰明·狄斯雷利所说：行动未必总能带来幸福，但没有行动却一定没有幸福。

家长需要指导男孩明白这样的道理：成功者从来不拖延，也不会等到"有朝一日"再去行动，而是今天就动手去干。他们忙忙碌碌尽其所能干了一天之后，第二天又接着去干，不断地努力、失败，直至成功。

卡耐基的著作里收藏了一篇哈巴德写的短文，短文是这样写的：

"在一切有关古巴的事情中，有一个人最让我忘不了。当美西战争爆发后，美国总统麦金利必须立即跟古巴起义军首领加西亚取得联系。但加西亚在古巴丛林的山里，没有人知道确切的地点，所以无法写信或打电话给他。"

"怎么办呢？"总统说。

"有一个名叫罗文的人，有办法找到加西亚，也只有他才找得到加西亚。"有人对总统说。

他们把罗文找来，交给他一封写给加西亚的信。罗文拿了信，把它装进一个油质袋子里，封好，吊在胸口，划着一艘小船，四天以后的一个夜里，在古巴上岸，消失在丛林中，接着在三个星期之后，从古巴岛的那一边出来，徒步走过一个危险重重的国家，把那封信交给加西亚。"

这里要强调的重点是：麦金利总统把一封写给加西亚的信交给罗文，而罗文接过信之后，并没有提出任何疑问：他在什么地方？他是谁？还活着吗？怎样去？为什么要找他？给我什么报酬？

——没有问题，没有条件，更没有抱怨，只有行动，积极、坚决的行动！

失败者总会愤愤不平地说"人家如何如何凭运气，赶上了好光景、好地方"。他们不采取行动，总是等待着"有一天"他们会走运。他们把成功看作降临在"幸运儿"头上的偶然事情。失败者认为成功者的命运是一帆风顺的，而自己的命运则全是倒霉。所以，既然幸运女神不肯照顾，他们除了怨天尤人外，还能做什么呢？

家长应告诫男孩，千万不能有这种思想。告诉他，当他有了梦想，有了创意时，就立即勇敢地去行动，趁早积累成功的资本。

## 建议三：鼓励男孩，让他的"野心"逐步实现

放眼古今中外，无数杰出人士都在远大目标的指引下实现了自己的理想，站在人类的某个高端领域散发出自己别样的光彩，引来万众瞩目。正如参天大树最初也只是一颗小小的树种，这些了不起的人物在燃起梦想之初，也是那么渺小卑微。

家长们在男孩的梦想之路上要充当一个鼓舞者，而非一个打击者的角色。家长要让男孩明白，他们的生命，要靠自己去雕琢。你们要选择自己的生活道路，确定人生的目标，也就是为自己"人生道路怎么走""朝着什么方向走""最终要达到什么目的"进行设计。被别人"保证"，并且照着别人的"保证"去做的人，他的生命注定只能平淡无奇、碌碌无为。

一个人应该在心中树立一个目标，然后着手去实现它。他应该把这一目标作为自己思想的中心。这一目标可能是一种精神理想，也可能是一种世俗的追求，这当然取决于他此时的本性。但无论是哪一种目标，他都应将自己思想的力量全部集中于他为自己设定的目标上面。他应把自己的目标当作至高无上的任务，应该全身心地为它的实现而奋斗，而不允许他的思想因为一些短暂的幻想、渴望和想象而迷路。

终生目标应该是一个男孩终生所追求的固定的目标，男孩生活中其他的一切事情都围绕着它而存在。

为了找到或找回男孩的人生主要目标，家长可以问男孩几个问题，比如：

我想在我的一生中成就何种事业？

在我的日常生活中哪一类的成功最使我产生成就感？

我最热爱的工作是什么？

如果把它作为自己终生的事业，怎样做到在有利于自己的同时，也对别人有帮助？

我有哪些特殊的才能和禀赋？

我周围有些什么资源可以帮助我实现自己的目标？

除此以外，我还需要什么才能实现自己的目标？

有没有什么职业是我内心觉得有一种声音在驱使我去做的，而且它同时也会让我在物质上获得成功？

阻碍我实现自己目标的因素又有哪些？

我为什么没有现在去行动，而是仍然在观望？

要行动，那么，第一步该做什么？

让孩子认真、慎重地思考上述问题，会对他寻找、定位自己的远大目标，有切实的帮助。

家长需要注意的是，人即使拥有再美好的愿望，如果不付诸行动，也只是画饼充饥。英国前首相本杰明·笛斯瑞利曾指出，虽然行动不一定能带来令人满意的结果，但不采取行动就绝无满意的结果可言。因此，如果想让男孩取得成功，就必须鼓励他先从行动开始，一步一步向目标奋进。一个人的行为影响他的态度，行动能带来回馈和成就感，也能带来喜悦。

天下最可悲的一句话就是："我当时真应该那么做，但我却没有那么做。"经常会听到有人说："如果我当年就开始那笔生意，早就发财了！"一个好创意胎死腹中，真的会令人叹息不已，永远不能忘怀。如果真的彻底施行，当然就有可能带来无限的满足。

家长教会男孩将一个愿望真正地落实到行动上应遵循的原则：

1. 做好各种准备工作，考察愿望是否切实可行。

2. 制定每年、每月、每日的行动步骤表，按计划去做。

3. 安排好行动计划的轻重缓急、先后次序。

4. 行动方案应明晰化、细致化，这样落实起来，才能到位，才能更有效率。

拿破仑说："想得好是聪明，计划得好更聪明，做得好是最聪明又最好。"成功开始于思考，成功要有明确的目标，这都没有错，但这只相当于给赛车加满了油，弄清了前进的方向和线路，要抵达目的地，还得把车开动起来，并保持足够的动力才行。做到了这些，男孩才能做到积跬步以至千里，最终实现自己的"野心"。

# 细节 43　培养冲劲儿十足的小伙子

生命需要热忱，没有热忱的人，就好像没有发条的手表一样缺乏动力。一位教授说过："成功、效率和能力的一项绝对必要条件就是热忱，在希腊语中热忱就是'神在你心中'的意思，一个缺乏热忱的人别想赢得任何胜利。"男孩要想超越自己，取得成功，就得有点"疯劲"。

想要让男孩对人生目标产生热忱，应该让男孩每天都将思想集中在这个目标上，如此日复一日，孩子就会对目标产生高度的热忱，并且愿为它奉献。记住詹姆士的一句话："情绪未必会受理性的控制，但是必然会受到行动的控制。"积极心态和积极行动可升高热忱的程度，家长应该为男孩的热忱订立一个值得追求的目标：一旦你将你的热忱导向成功的方向时，它便会使你朝着目标前进。

真正的热忱是发自于内心的热忱。发掘热忱就好像是从井中取水一样，我们必须操作抽水机才能使水流出来，接着水便会不断地自动流出。我们可以对于所知道或所做的任何事情都付出热忱，它是积极心态的一种象征，会自然地从思想、感情和情绪中发展出来，更重要的是我们可随心所欲地从内心唤出热忱。

在巴黎的一家美术馆里，陈列着一座美丽的雕像，它的作者是一个贫穷的艺术家。

每天，他都到一间小阁楼上工作。就在作品模型快要完工的时候，城里的气温骤然下降，降到了零度以下。如果黏土雕像模型缝隙中的水分凝固结冰的话，那么，整个雕像的线条都会扭曲变形。于是，艺术家就把自己身上的睡衣脱了下来，盖在了雕像身上。第二天清晨，人们发现艺术家已经离开了人世，但他的艺术构思却保留了下来，在别人的帮助下，最终有了成形的大理石作品。

美国政治家亨利·克莱曾经说："遇到重要的事情，我不知道别人会有什么反应，但我每次都会全身心地投入其中，根本不会去注意身外的世界。那一时刻，时间、环境、周围的人，我都感觉不到他们的存在。"

一位著名的金融家也有一句名言："一个银行要想赢得巨大的成功，唯一的可能就是，它雇了一个做梦都想把银行经营好的人做总裁。"原本是枯燥无味、毫无乐趣的职业，一旦投入了热情，立刻会呈现出新的意义。

英国政治家格莱斯顿曾经说过，最有意义的事情莫过于把一个孩子内心潜藏的热忱激发出来。事实上，每一个孩子身上或多或少都有一些将来可以成就大器的潜质。不仅那些反应敏捷、聪明伶俐的孩子是这样，那些相对木讷，甚至看起来有些愚钝的孩子也有这样的潜质。

他们一旦产生了热忱，凭借这种热忱的力量，原先人们在他们身上看到的"愚钝"也会慢慢消失。

热忱对男孩潜意识的激励程度和积极心态的激励程度是一样的。当男孩的意识中充满热忱时，他的潜意识也同时烙印着一个成功的形象，即他的强烈欲望和他为达到该欲望所拟订的计划是坚定不移的。当他对热忱的意识变得模糊时，他的潜意识中仍然留存着对成功的丰富想象，并会再次点燃残存在意识中的热忱火花。

热忱会带来许多好处：

1. 增加你思考和想象的强烈程度。

2. 使你获得令人愉悦和具有说服力的说话语气。

3. 使你的工作不再那么辛苦。

4. 使你拥有更吸引人的个性。

5. 使你获得自信。

6. 强化你的身心健康。

7. 建立你的个人进取心。

8. 更容易克服身心疲劳。

9. 使他人感染你的热忱。

因此，家长应该帮助男孩积极培养热忱的心态，让男孩掌握以下方法：

1. 订立一个明确目标。

2. 清楚地写下你的目标、达到目标的计划，以及为了达到目标你需要的付出。

3. 用强烈欲望作为达到目标的后盾，使欲望变得狂热，让它成为你脑子中最重要的一件事。

4. 立即执行你的计划。

5. 正确而且坚定地按照计划去做。

6. 如果你遭遇到失败，应再仔细地研究一下计划，必要时应加以修改，不要因为失败就变更计划。

7. 与你求助的人结成智囊团。

8. 断绝使你失去愉悦心情以及对你采取反对态度者的关系，务必使自己保持乐观。

9. 切勿在过完一天之后才发现一无所获。你应将热忱培养成一种习惯，而习惯需要不断地补给。

10. 保持着无论多么遥远，你必将达到既定目标的态度推销自己，自我暗示是培养热忱的有力力量。

11. 随时保持积极心态，在充满恐惧、嫉妒、贪婪、怀疑、报复、仇恨、无耐性和拖延的世界里不可能出现热忱，它需要积极的思想和行动。

男孩是自己人生的设计师，没有人可以保证他的将来，更没有人能保证他的生命。被别人保证，并且照着别人的保证去做的人，他的生命注定只能平淡无奇、碌碌无为。只有对自己的生命充满激情和幻想的男孩，才会不断地超越自己，达到一个又一个高峰，人生也因此而绚丽多彩、跌宕多姿。

## 建议一：敢想——别给男孩制定太多规矩

"我小时候家里穷，没钱给我学音乐，现在我有钱了，一定要让孩子去学。"

"我那会没有机会上大学，以后一定要让孩子上。"

"我以前特别想当个舞蹈家，以后一定要让孩子实现我的心愿。"

你是不是常常会这样想？其实父母有这样的想法并不奇怪，毕竟男孩是我们的心血，承载了太多的期盼，所以我们总是想把最好的东西给他们，以及我们自己的愿望。但是人各有各的兴趣与喜爱，不能勉强，也不应勉强。

有一位父亲，自己是某重点高中的校长，但他看到自己的儿子不喜欢学习，学习成绩老上不去时，就主动跟儿子商量："儿子啊，看来你得好好想想，看看自己将来究竟适合做什么样的工作。"就这样，儿子最终选择读职高，毕业后做了会计，现在他成了行业内小有名气的财会能手，生活得很快乐。

虽然在父母眼里男孩还很小，但是其实他们已经长大了，他们知道自己的兴趣、爱好是什么，也有自己的想法。

男孩的选择不一定正确，或者虽然正确但不一定现实，不管属于何种情况，父母都不能横加干涉。家长的责任在于恰当地引导，让男孩正确认识社会的需要和自己的社会责任，鼓励男孩作出富有理想、富有事业心的选择，放弃不切实际的选择。

千百年来在这方面，我国有许多古训。通俗的如人们常说的萝卜白菜，各有所爱。就是说有的人喜欢吃萝卜，有的人喜欢吃白菜，彼此不要勉强。文雅一点的古训是："人各有志。"对于大人，这一点大家都认识得比较明确；但是对于男孩，有的父母在这一点上认识就模糊了。

让男孩做他喜欢的事情，而不是做你喜欢的事情。每个人的路都只能是自己去走，谁也代替不了，父母也不例外。

所以作为家长，我们应该注意以下这几点：

首先，不要把自己的喜好强加于男孩的身上，男孩不是你的私有财产，他们有自己的思想，他知道真正适合自己的是什么，他们完全能够明确自己将来的方向。例如男孩如果对医学感兴趣，就不要逼迫他学文学；男孩如果以后想成为实践性强的技术人才，就不要非让他埋头苦读学习书本知识，用他来完成你的大学梦。

其次，每个男孩身上都具有巨大的潜能，当男孩按照自己的意愿尝试着干一件事时，会尽力去做好，做成功。男孩在自主奋斗的过程中，才华和潜能也得到了淋漓尽致的发挥。每一个男孩都能成功，关键在于帮助男孩找到自己的最佳才能区。只有找到了自己的最佳才能区，男孩才能发挥最大潜能。即使在平凡的服务行业中照样能培养出身手不凡的能工巧匠，如饮食行业中的名厨、美容美发中的名师、服装行业中高级服装设计师等，他们也并不一定都出自名牌大学，往往都是自学成才。他们都以自身成才的成长经历表明：求学的道路越来越多，千军万马走独木桥逐渐成为历史。

最后，给男孩适度的空间，不要用自己的喜好来扼杀男孩的新思想。男孩对兴趣的萌发，开始往往只是一种不太明显的想法，这个时候如果家长不加以引导培养反而阻挠男孩朝着自己喜爱的方向去发展，往往容易扼杀男孩的思想。

## 建议二：敢说——男孩子有话就大声说

"教了多少遍了，还是不会，真笨！"

"过来，这是李阿姨，快向阿姨问好。"妈妈跟儿子说，儿子一直怯生生地扯着母亲衣角，躲在母亲背后不肯出来。

"为什么别人都能回答出来问题，就你连话都不敢说?！你说是怎么回事?！"爸爸质问的声音极大，儿子泪涌了出来。家长无奈。

生活中，类似的情况有很多。有些男孩面对老师、面对爱慕的人、上台演讲前、面试时、比赛前、照相时等，常常感觉紧张、脸红、心跳、发抖，学习或工作中总是惴惴不安，神经绷得如一张满弓，唯恐出了差错……

上中学的小宇以前是个性格很活泼的人，现在见人就怕。面对熟悉的人从对面走过来，内心不知道应不应该和对方打招呼，紧张的情绪就会产生。他发现咬口香糖可以缓解说话紧张，所以现在一天到晚都要咬口香糖。晚上失眠越来越严重。每天觉得自己很难看，声音很难听，所以很少和人交流，看到有人在很流利地谈话就嫉妒。每天要照镜子很多次。不敢笑，也不敢大声说话。学习注意力不能集中，不能回答老师的问题，人际关系非常紧张。

专家指出，不敢在别人面前大胆说话的原因主要有两种：

第一种，不想露丑。这些孩子的想法是，只要我不在他人面前暴露自己的短处，别人也就不会知道我的缺点。而一旦在众人面前说话，自己的粗浅根底、拙劣看法都会暴露出来，那么从此以后，哪还有自己的立足之地？所以，不说话更稳妥。

第二种，不知道该如何组织说话的内容，就像被硬拉到一个陌生的世界一样，所以会感到惊惶。

有的男孩是因为先天原因。有些人生来性格内向，气质属于黏液质、抑郁质类型，他们说话低声细语，见到生人就脸红，甚至常怀有一种胆怯的心理，举手投足、寻路问津也思前想后。

还有一些教育不当的因素。有些家长对儿童的胆小不加引导，男孩见到生人或到了陌生的地方，便习惯性地害羞、躲避，没有自信心。儿童进入青春期后，自我意识逐渐加强，敏感于别人对自己的评价，希望自己有一个"光辉形象"留在别人的心目中，为此，他们对自己的一言一行非常重视，唯恐有差错。这种心理状态导致了他们在交往中生怕被人耻笑，因此表现得不自然、心跳、腼腆。久而久之，便羞于与人接触，羞于在公开场合讲话。对此，应给予正确指导，鼓励男孩大胆、真实、自然地表现自己。

恐惧或忧虑会阻碍男孩们说话的尝试。有时保持安静较容易，退缩在"壳"里可以掩饰自己的软弱。

"我总是不敢在人面前讲话、发言，那会使我心跳加快，脑中一片空白……"有的孩子坦然地承认自己说话的胆怯，而且对此颇为苦恼。

心理学家们通过研究发现，人或多或少在说话方面有些不健康的心理，而紧张和恐惧便是这些不健康心理的突出表现形式，是影响人们进行正常说话和语言交流的明显障碍。

可以毫不夸张地说，人人都可能在说话前后或说话过程中出现紧张、恐惧心理：性格内向、沉默寡言者如此；天性活泼、思想活跃者如此；即便演说专家、能言善辩者也不例外。而恐惧是后天的反应。两岁大的男孩在过马路时不会懂得害怕，直到有人猛地把他拽回来，警告他过马路有多么危险。同样，当男孩第一次看见同学站起来背诵诗歌，发现他突然梗住了，变得慌张窘迫，以致全班发出阵阵的窃笑时，男孩懂得了当众讲话时害怕。既然紧张害怕是后天学会的，那么它也是可以被忘却的，或者至少是可以被控制的。

家庭是练习说话的第一个场所。当男孩在家里的时候，我们可以鼓励男孩给自己讲一个寓言故事。如果男孩不能讲清楚，就让男孩去找一本儿童文学看看，再来训练。这样男孩便会渐渐了解语言，懂得如何并敢于与人们交谈了。另外，鼓励男孩平时就一些小问题与你交流。鼓励广结良友，与朋友频繁往来，是练习口才的又一途径。无疑，我们每个人都多少会有一些朋友，这些朋友可能来自不同的地方，处于不同的年龄，属于不同的阶层，从事不同的工作，因而与他们相处时会遇到各种不同的问题。男孩拥有的朋友，了解的谈话内容，都会渐渐地增多起来，他说话的胆量也会渐渐大起来。

## 建议三：敢做——男子汉的位置在"前排"

在这个世界上，想坐前排的人不少，真正能够坐在"前排"的却总是不多。许多人之所以不能坐到"前排"，就是因为他们把"坐在前排"仅仅当成了一种人生理想，而没有采取具体行动。那些最终坐到"前排"的人之所以成功，是因为他们不但有理想，更重要的是他们把理想变成了行动。

让男孩坐到人群的前排位置的意图并不是显摆，而是帮助男孩正确认识自己，从而培养他的一种胆识。而毫无疑问，胆识是一种能力。

罗伯特·F·肯尼迪曾说："只有敢于面临巨大失败的人才能取得巨大成功。"为了到达目的地，我们常常要运用自己的胆识去发现我们目前的处境，无所畏惧。福布斯有句名言"无论我们拥有多少财富，都不如我们内心的财富来得重要。"

不敢坐到前排的人心理是存在一种障碍的，这种障碍是一些我们不明原因的、在本能上感到害怕的事情，这些事情可能是我们每天都会经历的，比如，害怕被人嘲笑，害怕失败，害怕意想不到的变化，或是其他什么使我们内心想要退缩的事情。我们才感到安全。如此一来，尽管我们得到的不是我们内心期待的东西，但它至少是令我们感到舒适并为我们所熟悉的事物。这些心理障碍还会使人在与他人交往的过程中产生一种社会恐惧、社交恐惧，简单地说，就是在社交场合，怕被别人注意或稍有差错就产生极度恐惧的情绪。据专家调查发现，社交恐惧症是最常见的神经紧张和失调的病症，它是一种对难堪或出丑表现的强烈反映和令人身心疲惫的恐惧感。拥有这种症状的人害怕在公共场合讲话，不愿意接触人，不愿意求人办事、与人共事。

可见，障碍对一个人的工作、生活都是极其不利的，所以，我们要想让男孩成功就要努力帮助他克服这道障碍。

当你发现自己儿子存在着社交恐惧时就应该及时帮他克服，下面的方法不妨一试。

第一，教他客观全面地看待事物。具有自卑心理的人，总是过多地看重自己不利和消极的一面，而看不到有利、积极的一面，缺乏客观全面地分析事物的能力和信心。这就要求我们努力提高自己透过现象看本质的能力，客观地分析对自己有利和不利的因素，尤其要看到自己的长处和潜力，而不是妄自哀叹、妄自菲薄。

第二，告诉他要将别人的思想、言论和行为与自我价值截然分开。别人的评价，只能代表别人对事物的看法，并不是真理，神圣不可改变。告诉男孩，这些评价中他认为可以听的就听，认为可以不听的就不听。

第三，从购置衣物开始，要他根据自己的判断去买，不必征求别人的意见。因为衣服是要穿在他身上，而不是穿在别人身上。别人的选择只代表别人的爱好和审美，并不代表他。

第四，培养信心。一位名人曾经说过："处于现今这个时代，如果说'做不到'，你将经常站在失败的一边。"可以让男孩试着想自己已完成的事，这样他对能做的事会更有信心。只有失败者才会将注意力集中在失败和缺点上。

## 细节44　引导男孩向"胆小鬼"身份宣战

"富贵不能淫，贫贱不能移，威武不能屈"是中国儒家对阳刚之气最精辟的诠释。男孩的英雄本色，实际上就是一种敢作敢为的精神，是潜意识中形成的一种力量，厚积薄发，不发则已，一发就气贯长虹。这种力量是无形的，一旦发出就会让人惊讶、敬畏、佩服。男子汉，就应该这样，这也是我们教育男孩的意义所在。

实际上让男孩子勇敢去做事的时候，最重要的就是让他们战胜内心的恐惧，这样就能顺利地把事情做好。

球王贝利刚刚入选巴西最著名的球队——桑托斯足球队时，曾经因为过度紧张而一夜未眠。他翻来覆去地想着："那些著名球星们会笑话我吗？万一发生那样尴尬的情形，我有脸回来见家人和朋友吗？"

他甚至还无端猜测："即使那些大球星愿意与我踢球，也不过是想用他们绝妙的球技，来反衬我的笨拙和愚昧。如果他们在球场上把我当作戏弄的对象，然后把我当白痴似的打发回家，我该怎么办？"

一种前所未有的怀疑和恐惧使贝利寝食不安。虽然自己是同龄人中的佼佼者，但忧虑和自卑却使他情愿沉浸于希望，也不敢真正迈进渴求已久的现实。

最后，贝利终于身不由己地来到了桑托斯足球队，那种紧张和恐惧的心情，简直没法形容。"正式练球开始了，我已吓得几乎快要瘫痪。"他就是这样走进一支著名球队的。原以为刚进球队只不过练练盘球、传球什么的，然后便肯定会当板凳队员。哪知第一次，教练就让他上场，还让他踢主力中锋。紧张的贝利半天没回过神来，双腿像长在别人身上似的，每次球滚到他身边，他都好像是看见别人的拳头向他击来。在这样的情况下，他几乎是被硬逼着上场的。但当他迈开双腿，便不顾一切地在场上奔跑起来时，他渐渐忘了是跟谁在踢球，甚至连自己的存在也忘了，只是习惯性地接球、盘球和传球。在快要结束训练时，他已经忘了桑托斯球队，而以为又是在故乡的球场上练球了。

那些使他深感畏惧的足球明星们，其实并没有一个人轻视他，而且对他相当友善。如果贝利能够相信自己，专心踢球，而不是无端地猜测和担心，就不会承受那么多的精神压力。

要培养勇敢男孩，就要让他们征服内心的恐惧，而行动可以让他们忘却恐惧，缓解他们的精神压力。忘掉自我，专心投入到他们当前要做的事情上去，可以让他们克服紧张情绪，保持一种泰然自若的心态。

常说"我不行"的男孩决不会成为有出息的人。家长应积极给男孩灌输进取、勇敢的精神：

第一，有针对性地给男孩讲一些不怕困难、不怕牺牲的勇敢者的故事。

如果男孩怕用电，你不妨给他讲美国科学家富兰克林与雷电的故事；如果男孩害怕走路，你不妨给他讲讲英国探险家斯科特征服南极的故事；如果男孩害怕黑夜，你不妨讲讲鲁迅先生黑夜上坡的故事；如果男孩害怕失败，你可以讲讲美国大发明家爱迪生怎么经历了几千次失败发明了电灯，讲讲德国细菌学家埃尔利希怎么经过几百次的失败而发明了一种新药。

第二，鼓励男孩进行培养勇敢精神的体育活动。

假日里，可以与男孩一起爬山，借以锻炼克服困难的勇气；去公园里玩，鼓励男孩走一走"勇敢者之路"，如独木桥、铁索桥。鼓励男孩参加体育锻炼，参加足球、乒乓球队。这种体育活动竞争性强，有助于勇敢精神的培养。

第三，有意识地锻炼男孩所惧怕的事务。

在确保安全的情况下，有意识地锻炼男孩所惧怕的事物，如登高、下水游泳、滑冰等。如果怯生，就多参加社交活动，多接触生人。如果男孩害怕，父母可以和他一起玩，比如男孩害怕黑夜，月黑风高之夜，父亲可以带着男孩去散散步，让男孩欣赏夜的宁静；如果男孩害怕黑屋，爸爸可以与男孩一起在黑屋子里玩，玩几次，男孩就再也不怕黑暗了。

第四，让男孩享受到勇敢的快乐。

先鼓励男孩完成一件以前不敢干的小事情，比如去楼底下取报纸，等男孩回来以后给他适当的表扬，让男孩体会到战胜自己的快乐。循序渐进，一点点锻炼他的勇敢。

第五，父母要给男孩树立起良好的榜样。

男孩的思想行为还没有完全成熟时，最易模仿身边人的行为举止，所以父母平常也应该注意不要老是在男孩面前把"我害怕""我不敢"挂在嘴边，要努力用勇敢的精神去熏陶男孩，男孩也会沉着勇敢起来。

## 建议一：不要让男孩习惯于为自己的胆小找借口

美国西点军校有一个久远的传统，遇到学长或军官问话，新生只能有四种回答：

"报告长官，是！"

"报告长官，不是！"

"报告长官，没有任何借口！"

"报告长官，不知道。"

除此之外，不能多说一个字。比如学长问："你认为你的皮鞋这样就算擦亮了吗?"你的第一个反应肯定是为自己辩解："报告长官，刚才排队时有人不小心踩到了我。"但是不行，这不在那四个"标准答案"里，所以你只能回答："报告长官，不是。"学长要问为什么，你最后只能答："报告长官，没有任何借口。"再比如军官派一个新生去完成一项任务，而且限定在一定时间内完成。这项任务完全可能会因种种原因而不能按时完成，但军官只要结果，根本不会听你长篇大论地解释为何完不成任务。"没有任何借口"迫使新生只有把握每一分每一秒去争取完成任务，根本无暇为完不成任务找借口。

也许我们认为西点军校的校规有些过于苛刻，但是它能够存在必然有存在的道理。学校之所以这样规定，就是要让新生学会忍受压力，学会恪尽职责，明白表现不达标是"没有任何借口"的。

因此，我们必须告诉自己的男孩，在面对困难的时候不要找任何借口。

借口是做不成事、做错事的挡箭牌；是敷衍别人，原谅自己的护身符；是掩饰弱点、逃避责任的灵丹。借口掩盖了过失，推卸了责任，使男孩心理暂时平衡，但长此以往，便是大事做不了，小事做不好，最终一事无成。

徐立就是一个不善找借口的孩子。他是初三（3）班的班长，他是一个积极乐观的男孩，总是散发出无限的热情，做事情从来不找借口，老师和同学们都很喜欢他。从初一开始徐立就担任班长的职务，班里的大事小事都由他来管，这自然耽误了他不少的学习时间，但他从来没想过以耽误时间为借口辞掉班长的职务，为了在学习上不落后于其他的同学，他比别人更加刻苦。特别是在备战中考的日子里，徐立更加努力了，每天都学习到深夜。徐立的妈妈看着儿子晚上熬夜学习，心疼地对儿子说："不行就把班长的职务辞了吧，每天这么累，别因为班里的事影响你上重点中学。"徐立微笑着回答道："妈妈，我知道你这都是为我好。可是辞了班长的职务也不能保证我一定能上重点中学，如果不辞，没准就能上重点呢！虽说班里的事情耽误了一些时间，但是这才更能激励我学习呀！这点小困难不会难倒我的，放心吧！我会处理好学习与班级工作的关系的。"

他这种不找借口，积极应对学习和班级事务的态度，让他顺利以全校第五名的成绩考进了市重点一中，还荣获了"优秀班干部"的称号。

做家长的要引导男孩正确地认识自己，正确对待成功与失败。不为困难和挫折找借口，要为成功找方法。男孩需要做的是分析原因，找出不足，进行弥补。客观、合理地制定自己的目标，并为学业上的成功和失败找出原因。弄清楚自己的学习状况，掌握高效的学习策略和方法，从而提高学习的效能感和自信心。这样男孩不为任何事情找借口的习惯一旦养成，他们将会受益终生。

## 建议二：告诉男孩求助不是懦弱的表现

陈再辉的家庭条件很好，平时他的穿着、使用的文具都比其他的同学要高档。平时爸爸要是有空就去接他放学，爸爸开的高级轿车让其他同学艳羡不已。

正因为如此，几个其他班的同学盯上了他。这几个男孩平时不喜欢学习，喜欢玩网络游戏，经常逃课去网吧。家里给的钱不够用，就勒索低年级的同学给零用钱。

这天放学后，爸爸没有来接陈再辉，陈再辉自己走路回家。走到僻静处时，这几个男孩跳了出来，向陈再辉勒索钱财。

望着几个气势汹汹的男孩，陈再辉乖乖掏出了钱包。

"不会吧，就这么点儿？你骗谁呢，说！钱藏哪儿了？"看着陈再辉钱包里的二十元钱，几个男孩气坏了。

陈再辉结结巴巴地回答："平时我不怎么用钱的，我需要什么我妈都给我买了。"

男孩们大眼瞪小眼。领头的男孩比较镇定："回家拿钱去。明天这个点儿我们还在这里等你，你要是不来，哼哼！"男孩抬腿狠狠踹了陈再辉一脚："我知道你哪个班的，我们不会放过你！"

男孩还补充道："你要是敢告诉别人，我们就天天去厕所堵你！你想清楚！"

陈再辉答应着，赶紧跑掉了。陈再辉想，回家赶紧告诉爸爸，真要被他们吓住了，这还有个头儿？

陈再辉遇到的情况，相信很多男孩并不觉得陌生。在校园暴力频发的今天，男孩们往往会为这类事情忧虑。不过，却不是所有男孩都像陈再辉那样，懂得向家长求助。当受到其他同学胁迫时，男孩直接反抗，不一定有那个能力；告诉老师和家长，又会觉得丢脸——男孩们拥有你意想不到的自尊。一些男孩认为让他人知道自己被胁迫，意味着他很懦弱，是男子汉的耻辱。

家长要做的就是，帮助男孩转变这种观念，告诉男孩出了问题报告老师、家长并不是什么怯懦的行为，而是勇敢的一种得体行为。

向老师、家长求助的行为，本身是一种在人群中寻求合作的行为，大家先来看一个故事：

星期六上午，一个小男孩在他的玩具沙箱里玩耍。沙箱里有他的一些玩具小汽车、敞篷货车、塑料水桶和一把亮闪闪的塑料铲子。在松软的沙堆上修筑公路和隧道时，他在沙箱的中部发现一块巨大的岩石。

小家伙开始挖掘岩石周围的沙子，企图把它从泥沙中弄出去。他手脚并用，似乎没有费太大的力气，岩石便被他连推带滚地弄到了沙箱的边缘。不过，这时他才发现，他无法把岩石向上滚动，翻过沙箱边框。

小男孩下定决心，手推、肩挤、左摇右晃，一次又一次地向岩石发起冲击，可是，每当他刚刚觉得取得了一些进展的时候，岩石便滑脱了，重新掉进沙箱。

小男孩只得使出吃奶的力气猛推猛挤。但是，他得到的唯一回报便是岩石再次滚落回来，砸伤了他的手指。

最后，他伤心地哭了起来。这整个过程，男孩的父亲在起居室的窗户里看得一清二楚。当泪珠滚过孩子的脸庞时，父亲来到了跟前。

父亲的话温和而坚定："儿子，你为什么不用上所有的力量呢？"

垂头丧气的小男孩抽泣道："但是我已经用尽全力了，爸爸，我已经尽力了！我用尽了我所有的力量！"

"不对，儿子，"父亲亲切地纠正道，"你并没有用尽你所有的力量。你没有请求我的帮助。"

父亲弯下腰，抱起岩石，将岩石搬出了沙箱。

我们所生存的这个社会，时时刻刻存在着竞争。没有人能单枪匹马地生存下去，与他人合作才能博取更多发展的机会。故事中，那块岩石对于儿子来说那样硕大无比，儿子使出全部的力量也无法移除，但是父亲伸手稍稍使力，就解决了儿子无法解决的问题。

家长要让男孩明白的是，人的年龄不同、生长的环境不同，所处的生命高度也不同，在孩子看来不得了的大事，对于大人来讲，也许只是一件不值得一提的小事。男孩认为自己向大人求助，是懦弱、丢了男子汉的面子，其实不是那样。懂得在自己需要帮助的时候借助他人的力量，是非常理智的行为。

蛮干不是勇敢，寻求帮助也绝不意味着软弱。懂得适时地寻求帮助的男孩，才是聪明的男孩——他知道如何让自己摆脱困境，这才是生命的大智慧。

# 第八章　该放手时就放手

——聪明的父母懂得给男孩自立的机会

# 细节45 不要做"全能"父母，要学会适当"懒"一下

　　世界上能登上金字塔顶的生物只有两种：一种是鹰，一种是蜗牛。不管是天资奇佳的鹰，还是资质平庸的蜗牛，能登上塔尖，极目四望，俯视万里，都离不开两个字——勤奋。

　　而我们现在的孩子，身上最缺乏的也许就是勤奋。平常在家里，孩子什么都懒得干，往往这样：

　　"要吃饭了，来帮妈妈摆好碗筷。"

　　"哎呀，我还要看动画片呢，妈妈你自己干吧。"

　　"今天咱们家庭大扫除，你扫地还是擦桌子？"

　　"可是我还要看书呢。"

　　每当你想叫男孩做事的时候，他总是能找出成堆的理由拒绝你。有的父母心疼孩子，认为现在的孩子都这样，就由着孩子的性子来，什么家务都不让他们做，久而久之，男孩就养成了懒惰的习惯。哪一位家长不希望自己的孩子以后有出息，能够成就一番事业呢？而懒惰正好是成功的克星。要知道天下没有免费的午餐，要想收获美好的果实，就必须用自己辛勤的劳动来换取。

　　曾经有心理学家研究表明，从小勤劳爱动手的孩子大脑发育要比同龄的孩子健全一些，因为在人的大脑中，一些富有创造性的区域只有在劳动中才能够被开发出来。一定量的劳动不但可以给孩子带来一个强健的身体，还可以锻炼孩子的意志，让孩子养

成吃苦耐劳的精神。而且从小喜爱劳动的孩子，长大后一般都很能干，生活也很美满充实。所以，孩子的勤劳特性并不是可有可无的，父母应该从小就注意对孩子进行培养。而很多取得成就的名人，他们的成绩的取得与父母小时候对他们的勤奋教育是分不开的。如获得诺贝尔奖的生理学家巴甫洛夫，他的父亲从小就对他进行严格的训练。

巴甫洛夫的父亲十分重视孩子的劳动教育。他认为，给孩子一双勤劳的手就好比给了孩子一双立足于社会的脚，没有什么事情是比拥有勤劳更让人愉快的了。

当小巴甫洛夫逐渐长大的时候，父亲把巴甫洛夫带到地里，指着一块翻好的地说："儿子，今天我们来种菜吧。"

"可是爸爸，我不会呀。"小巴甫洛夫说。

"没关系，不会爸爸教你。"

于是，巴甫洛夫抬着小铲子跟着爸爸种了一天的菜。过了不久，当他们种下去的菜都长出了鲜嫩的叶子，父亲又带着巴甫洛夫来给菜浇水除草。

后来，父亲又教巴甫洛夫学做木工活。爸爸买来了凿子、锯子，先给儿子做了个精美的小板凳，然后告诉儿子板凳是怎么做出来的，小巴甫洛夫便跟着爸爸认真地学了起来。没多久，小巴甫洛夫就可以自己做简单的家具了。

除了亲手教巴甫洛夫学习种菜、做木工活外，父亲还教他养花、除草、给树木嫁接。巴甫洛夫在父亲言传身教的影响下，从小养成了不怕苦、不怕累、坚持自己动手把活干完的良好习惯。这种从童年培养起来的勤劳和耐性，成为巴甫洛夫在科学事业上取得巨大成功的重要因素。

作为父母，如果想教育男孩从小养成勤劳的好习惯，可以注意以下几个方面：

## 1. 教导男孩有一种积极的劳动态度

俗话说态度决定一切，要孩子养成良好的动手习惯，就先从改变他们对劳动的态度开始吧。你可以选择对孩子进行言传身教，多给他讲一些勤劳的故事，比如在勤奋中长大的商人李嘉诚，给孩子营造一种勤劳的家庭氛围，让他从意识上觉得劳动最光荣。只要养成孩子热爱劳动的习惯，燃起他们认真劳动的热情，就能使孩子养成勤劳的习惯。

## 2. 放手让男孩去做

孩子小的时候就让他自己吃饭，自己学着穿衣服。等孩子长大点后，家长做家务的时候给孩子分配一点儿任务，比如你拖地板就让孩子来扫地，你做饭就让孩子给你择择菜，平常也多叫孩子帮你的忙，打酱油、拿报纸、去超市买东西、晾衣服等都可以让孩子去做。习惯成自然，当孩子把勤奋当成一种习惯后，不知不觉就会把它融入到自己的生活中去了。

## 3. 不要无条件地给予

不要孩子要什么就给予什么，当孩子想获得一样东西的时候，可以让他拿自己的劳动来换，比如想要多一点的零花钱，可以让他洗一个星期的碗，自己挣；想额外买一套明星的签名照，就要坚持扫一个月的地，让孩子学会珍惜大人的劳动成果，也让他知道劳动的可贵：美好的生活要靠勤劳获取，只有脚踏实地，靠自己的双手辛勤劳动，才能够让自己过上高质量的生活。

相信每个男孩都有自己的理想，但是如果空有理想不付诸于实践，恐怕就成了"空想"，最终只能成为心中的一个梦。所以，父母如果想要自己的男孩将来有出息，一定要在他们小的时候培养他们的实干精神。

父母在教育孩子要有实干精神的时候，应该注意以下几点：

### 1. 从父母的做法开始

有时候男孩想做一件事情，父母会因为害怕孩子做不好或是伤害到自己而不让他们去做，这实际上就让孩子养成了一种惰性，以后就算有了什么好的想法也会耽于懒惰了。父母也要以身作则，给孩子树立良好的榜样，营造一种积极的氛围。

### 2. 父母要适当督促男孩

男孩有时候树立了理想，却又不知道从哪里下手，父母可以督促他把自己的理想写下来，每天去实现一点，然后持之以恒坚持下去。

### 3. 想到就去做，培养男孩雷厉风行的性格

让男孩想到什么就马上去做。比如孩子起床的闹钟响了，就让孩子马上起来，不要磨蹭；吃饭的时间到了，孩子还在看电视，就让他马上把电视关了去吃饭，千万不能孩子说"我等一会儿再来吃"，就随他的便。

**4. 给男孩一些适当的训练**

父母可以交代男孩去做一件事情，到了规定的时间就去检查孩子的完成情况，让孩子养成一种迅速完成任务的好习惯。

**5. 让男孩明白只说不干的坏处**

治标先治本，想要杜绝男孩空想的习惯，就要告诉他这样做的坏处。或者给他一次教训。你可以当他赖床不准时起来的时候，只叫他一次。如果迟到了，下次他听到闹铃就会马上起来了。

### 建议一：这些事情，让男孩自己做

现在大部分家庭都是只有一个孩子，爸爸妈妈、爷爷奶奶、姥姥姥爷都把孩子当成自己的宝，真是含在嘴里怕化了、捧在手里怕摔了。于是可能经常出现这样的场面：

"宝宝张嘴，来奶奶喂你吃饭。"

"哦，宝宝乖，妈妈给你洗脸。"

"哎呀，你自己怎么洗得干净衣服呢？让妈妈来。"

儿童心理学家告诉我们，孩子逐渐长大，其自主意识会随之增长。两三岁的孩子，在大人帮他穿鞋时，他会说"我自己穿"；喂他吃饭时，他会说"我自己吃"；帮他搬小凳子时，他会说"我自己来"。这种时候，家长不可随意打击他们跃跃欲试的兴致，剥夺他们提高学习生活能力的机会，而是应当帮助他们在学会独立生活的同时，增强他们的自我打理生活的意识。因为生活质量的好坏全凭自己打理，你最多只能送他沧桑的智慧。

具体说来，父母可以从以下几个方面来做：

### 1. 告诉男孩：自己的事情自己做

让男孩学会自己动手，不要取代他们自己动手的能力。孩子初次做事也许做不好，如他洗的衣服不太干净，你可以背着他再洗一遍，但不能说"你洗不干净，让我来帮你"，让他失去做事的积极性。在最初的日子里，孩子需要指导和帮助。告诉他怎样做好这些事，但千万不要一见孩子做不好，就自己代替他去完成，你不可能跟随孩子一辈子。在这方面家长应该向清代画家郑板桥学习。郑板桥老年得子，却并不溺爱，而是力促他自立，要求他："淌自己的汗，吃自己的饭，自己的事自己干。靠天靠人靠祖宗，不算是好汉。"

### 2. 让男孩学会自我保护

随着男孩年龄的增长，要教给孩子一些基本的生活经验和智慧，并让他自己在生活中获得成长。比如，教会孩子学会自我保护，为防止上当受骗，从小告诉他们不要贪小便宜，不要接受陌生人给的东西，不要跟陌生人走。让孩子懂得遇事不可慌张，不要冲动，要冷静，要理智；有困难可以找警察叔叔，并让孩子牢牢记住"110"、"119"等急救号码。

### 3. 让男孩学会独立思考

多给男孩自己思考的机会，没有什么事情比拥有自己的思想更有用，就像伟大的物理学家爱因斯坦说的："学会独立思考和独立判断比获得知识更重要。"多培养孩子自己思考问题的习惯，爱动脑筋有百利而无一害。你可以让孩子自己思考将来想成为什么样的人，以及应该怎样去实现自己的目标。在当今的社会里，家长应该提供给后代的是"工具箱"，而不是万贯家产。

### 4. 让男孩自己安排时间

培养男孩珍惜时间、科学安排时间、充分利用时间的好习惯，就要先给男孩自己安排时间的机会。可以让他自己制作时间表，合理安排，一项项实行，而你可以充当监督员。

### 5. 让男孩学会自我管理

父母不要对男孩的事情样样过问，要引导鼓励他们自己规划管理自己的事情，比如今天穿什么样的衣服，自己的课外书应该放在什么地方，星期天的时间怎么安排，什么时候应该把作业给父母检查等。告诉孩子不要什么事情都依赖大人。摆脱一分依赖，男孩就多了一分自主，也就向自由的生活前进了一步，向成功的目标迈近了一步。

一个真正疼爱男孩的父母关注的应该是男孩将来是否能够应对社会。如果父母懂得让自主的灵魂贯彻于男孩的成长过程，那你的男孩将来一定能够独立地应对来自社会的挑战。

南宋著名诗人陆游曾在《冬夜读书示子》中对他的儿子进行劝勉：

古人学问无遗力，少壮功夫老始成。
纸上得来终觉浅，绝知此事要躬行。

现在有很多男孩在家中的实际情况就是饭来张口、衣来伸手，甚至连扫地、擦桌子等简单的家务活都不会做，样样事情都要大人一手包办好，男孩很自然地也就养成了什么事情都依赖爸爸妈妈的习惯。于是，我们会在街上看到男孩的鞋带散了，站在路边"哇哇"大哭叫妈妈，不知道自己弯腰系紧的现象。还有一些男孩在成年之后，虽然考入了大学，还是不会独立生活，不能自理自立。

现在男孩的依赖习惯似乎已经成为一个越来越严重的社会问题。父母一味地放纵男孩，殊不知，依赖会使他失去独立思考的能力和学习的勇气，因为他总是需要借助别人的扶助来获得自己的利益，久而久之，必然会养成一种坐享其成的不良习惯。可是，男孩终究有一天是要长大的，在他长大之后，又能以什么样的姿态来迎接社会的检验和挑战呢？过于依赖的男孩势必会导致一种脆弱，因为他们习惯了按照别人的指示行动，所以难以形成较强的独立应变能力。培养男孩的自主能力，让男孩懂得很多事情必须倚靠自己，对父母来讲，是最不容忽视的教育。习惯了帮助男孩做一切的父母，可以先从以下的几个方面入手，慢慢地把男孩自己分内该做好的事"还给他"：

### 1. 男孩能够做的事决不包办，培养男孩生活自理的能力

男孩还小的时候，就可以教会男孩自己吃饭、穿衣服、洗脸。稍大一点以后，可以教孩子自己去上学、自己去买东西，刚开始也许他做不好，但是只有给他练习的机会，他才会有会的可能。

### 2. 男孩不会做的事学着去做，帮助男孩养成为家服务的习惯

不要因为男孩不会就代替他们去干，可以教孩子做一些力所能及的家务。

### 3. 男孩碰到困难时不急于帮忙，试着让他独立解决问题

碰到困难是好事，这是锻炼他们自己解决问题的好时机。让男孩自己去想解决的方法，适当受点委屈并没有什么不好，要知道你不可能跟孩子一辈子。

## 建议二：让男孩学会自己支配自己的生活

有不少家长为了教育出优秀的孩子，倾其心血为他们报各种各样的辅导班，可是孩子们好像是越学越呆了。这究竟是什么原因呢？很有可能是因为他们有一样重要的东西没有学，那就是不知道如何自主把握和支配自己的生活。

走进美国超大公司的纽约总部，映入眼帘的是一个鱼缸，里面十几条热带杂交鱼在自由地嬉戏。这个巧妙的装饰除了美观之外，还说明了一个原理——鱼缸法则：养在鱼缸中的热带金鱼，三寸来长，不管多长时间，始终看不见金鱼的生长。然而，将这种金鱼放到了水池中，两个月的时间，原来三寸的金鱼就可以长到一尺长了。

把这条原理应用于教育同样适用，孩子的成长需要自由的空间。而父母的保护往往就像鱼缸一样，孩子在父母的鱼缸中永远难以长成大鱼。要想孩子健康强壮地成长，一定要给孩子自由活动的时间，而不让他们拘泥于父母提供的"鱼缸"中。父母也应该克制自己的主观想法，留给孩子自由的成长空间，让他自己来支配自己的生活。

对于孩子的兴趣爱好，家长应充分尊重孩子自己的意愿，让孩子独立支配自己的生活。选择练习什么样的乐器或者是对其他的什么兴趣技能感兴趣，家长总是给予支持、鼓励和引导，或者帮助请家庭辅导教师。

西方国家的家长大都不对孩子的学习施加压力。他们的观点是：喜欢学的孩子自然会努力，为什么要强迫他们做不愿意做的事情呢？人的兴趣、爱好本来就各不相同，孩子适合做什么就做什么，人生的路让孩子自己去走。成功的家庭教育，应是家长舍得拿出时间跟孩子以平等的态度进行对话和交流，对孩子正确的想法和行为给予充分肯定，让孩子在尊重和鼓励中长大。

21世纪将是"自主支配"的世纪。著名的管理学家彼得·德鲁克指出：因为信息时代取代了工业时代和放权自由的管理模式，所以这个世纪最重要的事情不是技术或网路的革新，而是人类生存状况的重大改变。在这个世纪里，人类将拥有更多的选择，他们必须积极地管理自己。

进入社会之后，孩子必须自己决定自己的行业，自己的老师、自己的老板、自己的公司、创业还是加入公司……每一天面临的都将是选择，孩子在成长的过程中更需要塑造的是独立性、责任感、选择能力、判断力。一个孩子如果长大了之后还只是会背知识，等着别人帮他做决定或者是做事情，那他进入社会之后就不会被重视。孩子将在这样的社会里生存，所以必须要学会自主支配自己生活的能力。

至于如何培养孩子独立支配自己生活的能力呢？建议家长从以下几个方面着手。

第一，培养孩子"自己想办法"的习惯。从小让孩子自己去解决自己的事物，从小让他们懂得，任何人都别想推卸责任来让别人替他们收拾残局。当孩子遇到困难的时候，不要想什么都帮孩子去做，而是鼓励他们自己想想办法，或者帮助孩子分析应该怎

不打不骂，穷养男孩的100个细节

第八章 该放手时就放手

样解决，促使他找到正确的道路。

第二，让孩子成为自己的主人，决定自己的将来。在某件事情上，虽然家长很确定将来应该如何来做，但是也应该给孩子一个机会，让他学着自己独立来判断。因为他从自己错误中学习到的经验一定比你正确的教导要多得多。

第三，培养孩子自己对自己事情负责的态度。如果家长习惯了任何事情都帮孩子安排得面面俱到，结果很可能会导致孩子做事不负责任的后果。而且父母的过度包办，也会让孩子变得没有礼貌，不懂得珍惜。

第四，要信任孩子可以做好。在有些时候，信任比惩罚更能够激起孩子的责任心。童欣在微软研究院中以严肃负责而著名。他回忆起自己小的时候有一次犯了错误，妈妈没有一句责备，而是看着他惊恐的眼睛，温和地说："这件事已经过去了，你过去是个好孩子，以后还会是一个好孩子。"童欣说："那个晚上，妈妈给了我最好的礼物，让我终生受用不尽。"

第五，建立"共同规定"。对孩子不要太多的规定，如果家长实在有顾虑，可以用"共同规定"和孩子约法三章。例如孩子玩电脑，我们不要说"不准玩"，而是告诉他"成绩够好才可以玩"。把每一个否定变成了机会，就把自主权从家长身上转移到了孩子身上。这样不但能培养孩子独立能力，并且会促使他更加上进。